성법
스님의

까칠한
불교
이야기

생각의 끝에도

머물지
말라

민족사

화주와 불사佛事의 연緣을 기원하며

머리말

중도를 말하며 착시에 빠진 한국불교

인간이 갖고 있는 태생적 한계는 셀 수가 없지만, 자기중심으로 세상을 보는 착시錯視 현상이야말로 깨달음을 얻기 전까지는 버리기 힘든 것 같습니다. 착시란 붓다의 가르침같이 '있는 것을 있는 그대로' 보는 경지에 이르지 못하는 한 버려지지 않는다는 말씀입니다. 착시 현상은 자신이 경험하고 느낀 것들을 조직과 사회, 더 나아가 삶의 근본과 연관시킬 때 나타나는 모순으로 확인될 수 있습니다. 집단의 착시는 개인의 착시들이 공감대를 형성해 움직이고, 그 결과 다른 집단과의 마찰이 심각해질 때 확인할 수 있습니다.

이런 착시의 원인을 불교에서는 '집착'이라고 강력하게 말하며, 고통을 일으키는 가장 큰 악惡이라고 말합니다. 그런데 실제 벌어지는 인간의 착시 중 상당한 비중을 차지하지만 간과하기 쉬운 것이 바로 '낙관주의'가 아닌가 합니다. 우리는 토머스 모어Thomas More의 유토피아Utopia를 즐겨 말하는 것만큼, 쇼펜하우어Arthur Schopenhauer의 지독한 염세주의에 귀를 기울이려 하지 않습니다.

그러나 쇼펜하우어가 철저한 무신론인 불교를 흠모했다는 사실은 그의 철학의 바탕이 만만치 않음을 증명하는 것입니다.

왜냐하면 불교야말로 개인들이 스스로를 정화하지 못하고, 무지와 탐욕 속에서 평생을 살아간다면 그 삶이야말로 가장 비극적이라고 말하기 때문입니다. 다시 말해 불교는 끊임없는 자기 반조返照와 참다운 가치에 대한 의문을 통해 인간의 본능을 극복하고 깨달음에 도달해야 한다는 반 염세적인 메시지를 핵심으로 삼는다는 말씀입니다.

쇼펜하우어가 활동했던 19세기만 해도 유럽은 거의 2천 년을 지배해 온, 기독교의 신앙철학에 대항할 정도의 철학이 태동되지 못했으니, 신의 존재를 부정하고 싶은 철학자라면 충분히 염세주의로 그 울분을 토로했을 수도 있습니다. 실제로 쇼펜하우어의 철학을 이어받은 니체Friedrich Wilhelm Nietzsche가 '신은 죽었다'는 선언을 함으로써 쇼펜하우어가 단순한 착시를 한 것은 아니라는 사실을 명백히 해 두었습니다. 흔히 바그너의 음악에서 같은 독일 출신이지만 헨델과는 달리 무겁고 때론 너무 침울해 비장함까지 느끼는 이유가 바그너도 이 둘과 '한패'였기 때문입니다.

이들 염세주의자들이 그렇다고 삶을 엉터리로 살아간 것은 결코 아닙니다. 라이프니츠의 신의 개입에 의한 최선세계관最善世界觀으로 표현되는 낙관주의보다 쇼펜하우어·바그너·니체의 염세주의 쪽이 오히려 세상에 더 적극적인 참여를 한 측면도 있습니다.

붓다의 "삶은 고통이다. 생로병사를 해결하기 위해 출가한다"는 선언을 보면, 불교가 외형으로는 염세주의적이라고 오해를 받을 소지가 없는 것은 아닙니다. 그러나 붓다는 인간의 숙명적 고통을 영원히 떨쳐버리는 열반적정涅槃寂靜을 성취하고, 모든 사람이 붓다와 같이 일체의 고통에서 해방될 수 있다고 실증적 마무리를 보여주셨으니, 역설적으로 가장 강력한 낙관주의자(조건부이긴 하지만)라고 해도 무방할 것입니다.

한국불교의 현재는 따지고 보면 염세주의보다 훨씬 위험한 낙관주의에 깊이 물들어 있습니다. 붓다 입멸 후 1,500여 년이나 지나 중국에서 발생한 선불교禪佛教의 선사들의 입에서 나온 "네가 곧 부처다"라는 말을 붓다의 가르침의 요체로 인식하는 엄청난 착시에 함몰되어 있습니다. 그들은 한술 더 떠, 수행을 하는 데는 무식할수록 유리하니 붓다께서 설하신 경전도 보면 안 되고, 세간의 이치와 논리는 하찮은 것이니 이해하려고 노력하는 것조차 차단해야 비로소 바른 수행이라 말할 수 있다고 주장합니다.

불법이 무엇인가를 중생들에게 가르치기 위해 정작 붓다께서는 45년을 길에서, 중생의 근기에 따라 때론 어린아이에게 설명하듯 비유로 말씀하시고, 바라문을 만나면 베다는 물론 인간이 사유할 수 있는 궁극의 경지까지 언설로써 그들을 압도하셨습니다.

붓다의 이런 행적과는 달리 "네가 부처다"를 외치는 최고의 낙관주의자들은 "불법이 무엇입니까?"라는 질문을 받으면 "마른 똥 막대기"라 답했고, 그 말도 번거롭다고 여기는 선사는 딱 한마디 '할喝'만 외쳤습니다. 그 선사에게는 개똥이가 묻거나 노자老子가 묻거나, 행여 여러분이 묻는다 해도 불법이 무엇이냐에 대한 답은 한 가지뿐이었습니다.

이런 식으로 1,500여 년을 지내왔습니다.

생각해 보십시오. 깨달음에 대해 이보다 더 낙관적인 방식이 과연 있을까요? 더불어 필자가 갖는 의문은 붓다께서 깨달은 '연기'라는 실체를, '마른 똥 막대기'라는 화두를 타파한다면 여실如實하게 같이 느낄 수 있는가 하는 것입니다.

붓다께서는 염세적인 출발에서 인간이 기대할 수 있는 범주를 넘어서는 깨달음이라는 극적 반전으로 낙관적 회향을 보여 주셨지만, 이들은 "네가 부처다"라는 낙관적 출발을 했음에도 불구하고 역시 부처가 맞다는 당연한 회향을 보여주지 못한다는 것이 이들의 근본적 한계인 것입니다. 이렇듯 이理의 세계인 진여문眞如門에서 한국불교의 착시 현상은 매우 심각하다고 아니할 수 없습니다.

그렇다면 사事의 세계인 생멸문生滅門에서의 착시 현상은 어떨까요? 한마디로 표현하면 돈(물질)으로 공덕도 살 수 있고, 악업은 보시를 해서 소멸시킬 수 있고, 앞으로 받아야 될 업도 지금 보시를 하면 다 해결된다고 말합니다. 법당을 짓고, 불상을 조성하면 공덕 중의 공덕으로 삼대가 복을 받는다고 자신합니다. 이것 역시 낙관주의의 극치를 보여주는 것입니다. 스님들이 신도들과 늘 같이 독송하는 반야심경과 금강경의 붓다의 가르침은 이것과 정반대로 일체가 공空함을 강조하는데도 스님들은 전혀 개의치 않습니다. 사실이든 사실과 다르든 낙관주의적 착시를 신도들에게 오염시켜야 신도들의 보시가 많이 이뤄지기 때문입니다.

붓다의 가르침을 보는 데 특정 선사들의 안목을 빌려야 한다는 한국불교의 심각한 착시는 이같이 이와 사 안팎에서 짝을 이뤄 벌어지는 현상이라, 제3자인 선지식이 출현하여 '보정'을 해 주기 전까지는 승가 스스로 착시에서 벗어나기에는 난망한 일입니다. 다른 유일한 방법은 불교의 수요자이며 승가를 존속하는 현실적 힘인 보시를 제공하는 불자들이 착시에서 벗어나 부파불교에서 대승불교로의 도약과 같은 또 한 번의 사상적 빅뱅을 열어가는 길입니다.

승가의 욕심과 무능력

구교인 천주교가 첫 세례자들로 조선천주교회를 설립한 해는 1784년이었습니다. 신교인 개신교는 불과 120여 년 전에 미국의 선교사들에 의해 선교가 시작되었습니다. 천주교가 받은 초기의 극심한 탄압에 비해, 개신교의 부흥은 누가 봐도 놀라울 정도였습니다. 개신교의 초기 선교사들은 한국에 학교와 병원을 세우는 일을 선교의 제일주의로 삼았습니다. 그 결과 지금은 한국 최고의 대학들과 중·고등학교, 크고 작은 의료기관들의 상당수재단이 개신교단입니다.

불교 전래의 역사는 무려 1,600여 년에 달합니다. 덕분에 국가 지정 문화재 중 국보와 보물로 지정된 것의 60% 이상이 불교 문화재이고, 지방 문화재 등을 합친다면 80%를 상회하니 문화적 자부심을 가질 만합니다. 불교 문화재를 보유한 사찰이나 문화적 가치가 있는 사찰은, 그 사찰과 주변 경내까지 전통사찰보존법에 의해 법으로 보호를 받습니다. 불에 탄 낙산사 복원이나 다보탑 해체 보수 등을 국가적 차원에서 하는 것도 전통사찰보존법에 의한 것입니다. 1962년 조계종단이 비구 종단으로 출범하며 조계종이 재산권을 갖게 된 전통사찰 수는 전국에 700여 개가 넘는데, 수천 평에서 수십만 평에 이르는 사찰 소유의 토지도 경내지로 재산권을 인정받고 있는 사찰도 상당수에 이릅니다. 불자로서 절에 가려는 게 아니라 국립공원에 가는데도 입구에서부터 사찰입장료를 내라고 하는 이유도, 이미 그곳은 사찰 토지이니 '통행료'를 내라고 하는 것입니다. 많은 이들이 그 불합리성을 지적하고 심지어 소송이라는 불미스러운 일까지 벌어져도 절 측에서 양보할 기미는 없습니다.

이렇듯 엄청난 조상의 유산을 물려받은 한국의 승가는 가만히 앉아 있어도, 사람들이 이래저래 절에 와서 돈을 무더기로 쏟아놓고 가는 팔자 좋은 처지로 지내고 있습니다. 그럼에도 한국불교는 동국대학교와 병원 이외에, 타종교에 비견할 만한 어떤 복지시설도 없고, 더욱 사회를 선도하고 중생들과 아픔을 같이 하는 동사섭同事攝의 회향은 꿈도 꾸지 못하고 있습니다. 승가의 끝없는 욕심과 증명된 무능력은 따지고 보면 '배고픈 신도에 배부른 승가'에 그 원인과 해법이 있습니다.

승가는 해방 이후 타종교인에 비해 너무나도 편안하게 살아왔고,

지금은 오히려 종단과 본사에 돈이 넘쳐 출가정신을 다 망각해 버린 것입니다. 이것이 앞으로는 교구본사나 전통사찰의 예산 편성과 집행에 보시의 당사자인 재가불자가 참여해야 하는 이유입니다.

한국불교 정체성의 문제

필자는 한때 머지않아 불교가 기독교에 절대적 우위를 점할 것이라 확신을 했었습니다. 불교는 완벽하고 실증적인 철학적 종교로 유일신에 의지하는 기독교와는 그 격이 다르다고 확신했기 때문입니다.

붓다께서 깨달으신 연기는 현대과학이 발전할수록 양자와 전자에서 우주에 이르기까지, 물질에서 정신에 이르기까지, 또한 시간과 공간에 이르기까지의 상호 인드라망 같은 관계성이 결국은 연기라는 사실이 속속 드러나, 그 진가가 만개할 미래가 머지않았다는 것도 확신의 이유였습니다. 이렇게 좋은 여건 속에서도 승가는 붓다 교설의 진의를 실증적이며 합리적 논리로 추구하기는커녕, 부파불교보다 더 조악한 사상들도 방편이란 이름으로 수용하는 우愚를 범하고 있습니다.

한편, 이미 13세기에 에크하르트Johannes Eckhart 같은 신학자는 사실상 불교의 연기나 공의 개념을 신으로 대체하고 있을 정도로 파격적 연구들이 이루어졌습니다. 현대 기독교는 신의 창조 논리가 진화론에 밀리자 "우주를 생성하고 진화시키는 내재된 질서가 신의 존재를 증명한다"고까지 발전된 대응을 하고 있습니다.

이에 비해 불교는 연기와 공이라는 궁극의 진리를 체로 삼아 삼법인과 사성제를 설명하고, 수행의 방법론으로 사념처와 사선정을 짝짓고, 팔정도와 십바라밀을 짝짓는 간명한 논리조차 세우지 못하고 있습니다. 만약 이런 승가의 안일함이 한 세대만 더 계속된다면 신앙은 기독교에, 진리는 동서양의 철학과 과학에 빼앗기고, 절에서는 관광객 얼굴이나 쳐다보거나 제사 대행밖에 할 일이 없게 될 것입니다.

붓다의 가르침인 불교는 단순 마음 정화학淨化學 수준의 개인적 평안을 구하는 종교가 아닙니다. 그 정도라면 마음을 화두로 눈부신 발전을 하고 있는 뇌과학과 진화심리학, 일반 도덕론만으로도 충분할 수 있습니다. 불교는 '지금' '나와 우리'의 문제를 논하고 풀어나가야 하는 실시간의 종교여야 합니다. 그렇기에 불교는 인간의 보편적 가치가 무엇이고, 어떻게 중생들과 더불어 깨달음을 추구해야 하는가를 항상 고민해야 합니다.

연기의 일부인 인과와 업을 윤회와 결부시켜 "축생도 10선업十善業을 쌓으면 인간으로 환생하고, 인간도 악업에 따라 다음 생에 축생이 된다"는 생사관은 필경 가까운 미래에 "신이 인간을 만들었다"는 기독교의 주장보다 더 비논리적인 주장으로 인식될 수도 있습니다. 게다가 "부처도 조사도 나타나면 죽여라"로 가르치는 간화선을 수행하는 선방이 중심인 총림叢林에서조차, 신도들에게 산신재와 천도재는 물론 나한 기도까지 동참하라고 권하니, 차라리 유일신을 신앙하는 것이 오히려 일관성이 있고 간명해 보입니다.

"위기는 기회다"라는 말은 위기일 때 심기일전해서 위기를 극복하고 난 후에나 적용되는 말입니다. 실제로는 위기에 이어 아예 몰락하는 경우가 대부분입니다. 인도에서 불교의 몰락과 유럽에서 기독교의 쇠퇴가 생생한 사례들입니다.

제5차 결집을 위한 경전 전산화불사를 시작해야

필자는 위기를 자초하는 한국불교와 승가가 안고 있는 고질적이고 심층적인 문제 해결을 위한 제안을 하고자 합니다.

불교는 불멸 후 400년경에 이루어진 제4차 결집 이후 단 한 번의 결집과 유사한 '사상 점검'이 없었습니다. 인도의 복잡한 사상에 버금가는 중국의 각종 사상과 함께 유입되고 신앙화된 한국불교는 그래서 가장 하이브리드(hybrid: 이질적 요소가 섞인 혼성물)한 종교가 되었습니다. 노골적으로 비불교적인 것은 제외하더라도 지장신앙, 관음신앙, 정토신앙, 미륵신앙, 중관사상과 유식사상, 천태사상, 선불교, 밀교 여기에 더해 수많은 논서들을 때론 상충되는 면은 접어두고 다 옳다고 단정하며 수용해 왔습니다.

1,600여 년 동안 쌓인 이 모든 사상들이 말하고자 하는 핵심 내용들을, 불교를 대변하는 '연기'와 '제행무상' '제법무아'를 잣대삼아

사상적 거리의 원근을 분명히 해 두는 2,000년 만의 제5차 결집을 시작하자는 것입니다.

지금까지는 메타 분석(meta-analysis: 연구물의 결과만으로 결론을 내리는 분석법)같이 경에 대한 논사들의 해설과 조사들의 수행 경험에 높은 비중을 둘 수밖에 없는 방법론적 한계가 있는 것도 사실입니다.

그러나 지금은 한글화 된 대장경을 통해 기록된 모든 경론의 내용을 누구나 직접 확인할 수 있습니다. 다만, 대장경의 내용을 조목조목 확인하려면 결국은 다 읽어봐야 한다는 가장 큰 난제를 해결해야 하는 전제가 있습니다. 필자의 10여 년 개인 원顧이기도 하지만 '이런 연유로' 이제 한글대장경에 최고의 검색 프로그램을 탑재한 경전 전산화불사를 반드시 해야 한다는 말씀입니다. 다행히 한국은 인터넷 기반과 기술력이 세계적 수준이라 불교 국가들과 제5차 결집을 주도해 나갈 수 있는 충분한 역량이 있습니다.

경전 전산화 불사는 엄청난 비용과 인력이 필요하거나 기술적으로 난망한 불사가 전혀 아닙니다. 그래서 '윤회'를 검색하면 대장경 내용 중 '윤회'가 들어간 문장을 모조리 검색할 수 있도록 하는 것입니다. 물론 스마트 폰에서도 가능하게 말입니다. 이 불사가 실현되면 여러분이 그토록 불신하는 승가도 불법에 대해 함부로 말할 수 없게 됩니다. 그 대신 여러분은 붓다의 가르침에 대한 거의 모든 의문들을 마음만 먹으면 몇 분 안에 다 해결할 수 있습니다.

인간이 다음 생에 인간으로 환생하는 윤회와, 지옥과 축생 등을 포함하는 육도윤회의 차이, 또한 지 · 수 · 화 · 풍에 의한 우주 단위

윤회의 차이는 불교와 외도의 차이보다 더 심한 정체성의 문제가 될
수도 있습니다.

그런데 이 문제 역시 대장경을 검색하면 어느 것이 붓다께서 설
하신 윤회인지 명확하게 알 수 있습니다. 제5차 결집의 시작에 해당
하는 경전 전산화불사가 완성되면 실로 상상할 수 없는 파급효과가
있을 것입니다. 어떤 분은 이 책에서 주장하는 필자의 논리야말로
비불교적이라고 탄식할 수도 있습니다. 그 탄식에 분명한 타당성이
있을 수 있음은 인정합니다. 하지만 탄식 전에 자신이 굳게 믿게 된
붓다의 가르침의 근원이 어디에 있는가에 대한 합리적 고민을 한 번
쯤은 해 보자는 것이 필자의 변입니다. 또한 필자의 논리는 종교는
어떠한 경우에도 인간의 영혼과 순수성을 담보로 '거래'를 해서는 안
된다는 신념을 바탕으로 삼고 있음을 밝힙니다.

감사의 말씀

필자에게 이 책의 출간은 남다른 의미가 있습니다.

몇 년 사이에 생사를 장담 못할 심장 수술, 암 수술을 연이어 받
아야 했고, 약해진 몸에 통증 등 극심한 후유증으로 드러누워 지낸
날이 더 많았습니다.

너무나도 부족한 내용이긴 하지만 이 책의 출간으로, 필자가
2002년 첫 경전 해설서를 내며 혼자 다짐한 '격년으로 10권의 해설

서 쓰기'의 절반을 해 내서 마음이 홀가분합니다. 대신 그만큼 신세 진 분들도 많습니다.

이젠 절 식구가 된 류재춘 박사님 가족, 아산병원의 홍진표 교수님, 자생한방병원의 이형철 원장님 등 깊이 감사드립니다.

필자의 보시 받아내기 무능력을 고스란히 자신의 업이라 여기며 감당해 주는 '세존 아카데미'의 재가 학인들과 필자의 화주가 되어주신 불자들 모두 필자에겐 '보살'이십니다. 특히 올 봄 첫 만남에서 공부의 깊이로 필자를 깜짝 놀라게 하고, 아무리 아파도 책은 내야겠다는 자극을 준 젊은 박찬호 불자가 부디, 재가와 출가를 넘어 유마거사와 같은 수행과 원력으로 다음 세대 불교의 주추가 되길 진심으로 바랍니다.

끝으로 필자의 글을 늘 과대평가해 주시는 민족사 사장님과 까칠한 필자의 글을 윤기 있게 가꾸어 준 사기순 주간, 그리고 모든 민족사 식구들에게도 감사드립니다.

2013년 늦가을 無說說堂에서
성법 합장

제1장

붓다로의 시간 여행

붓다의 위대한 도전
불교의 탄생

　인간 문명의 역사는 잘 아시다시피 기원전 3천 년 경에, 중국의 황하 강에서 발생한 황하 문명, 인도의 인더스 강에서 발생한 인더스 문명, 이라크의 티그리스 강, 유프라테스 강을 중심으로 발생한 메소포타미아 문명, 그리고 이집트의 나일 강을 중심으로 발생한 이집트 문명 등입니다. 각 대륙의 축에서 거의 동 시대에 발생했음에도 각각의 교류나 정보 교환이 이루어졌다는 증거가 없는 것이 신기합니다.

　네 곳의 문명들은 1천여 년 간 독자적으로 발전을 거듭합니다. 그러나 아리안 족의 급부상으로 역사상 가장 큰 변화를 맞게 됩니다. 기원전 2천 년 전 현재의 중앙아시아 카자흐스탄 남쪽의 한 종족인 아리안 족이 우월한 기동성과 호전성으로 동서로 넓게 대륙을 장악해 나가게 됩니다.

그 중 일부는 페르시아를 거쳐 남하하여 인더스 문명과 마주치게 됩니다. 이때가 기원전 1,500년경입니다. 이후 기원전 600년경까지 인도와 아리안의 '결합'이 이루어지는데, 이 결과물이 바로 베다인 것입니다. 베다veda는 산스크리트어로 '종교적 지식'이라는 뜻인데, 리그베다Rig-veda, 사마베다Sama-veda, 야주르베다Yajur-veda, 아타르바베다Atharva-veda라는 이름의 4개의 문헌으로 이루어졌습니다.

붓다는 베다가 완성되고, 베다에 의해 정치적·사회적·종교적 틀이 갖추어진 시점에 탄생하셨습니다. 그래서 베다의 폐해, 곧 바라문의 폐해에 대해 명확하게 말씀하실 수 있었던 것입니다. 당시 붓다께서 말씀하신 바라문의 폐해는 역사학자들도 동의합니다.

즉, 4,635개의 종족의 집단으로 이루어진 인도에 '아리안'들이 지배력 강화를 위해 베다를 적극적으로 활용했다는 겁니다. 제사장인 바라문을 신성시 하는 것은 당연하고, 피지배 종족들이 영원히 굴복할 수밖에 없도록, 업과 윤회를 빙자하여 네 가지 계급제도를 완성하기에 이른 것입니다.

요약하면 2,000여 년간 바라문 계급이 형성한 그릇된 제도와 사상을 붓다께서는 송두리째 뽑아버리시려 했던 것입니다. 이 '위대한 도전' 하나만 인정한다면 비록 타종교인이라 하더라도 붓다께 경외심을 표해 마땅하다고 생각합니다.

문명이 출현한 유사 이래 수천 년이 지나고, 붓다의 출현 이후 불과 500년 안에 중국에서는 공자, 노자, 그리스에서는 소크라테스, 플라톤, 이스라엘에서는 이사야 등 인류의 사상적 빅뱅이 이루어지고, 철기 문화의 대중화, 대양 항해술이 발달하는 등 기술적 빅뱅도 이루어진 시대입니다. 2,000여 년이 지난 지금까지도 그에 비견할 압축된 도약은 없었습니다.

　종교학자 카렌 암스트롱은 인간의 창조성이 뜨겁게 폭발했던 시기를 '축의 시대'라고 이름했습니다.

붓다의 반고행주의의 성공
붓다의 깨달음

타임머신을 타듯이 붓다의 시절로 돌아가 보겠습니다.

이제부터 여러분은 1,000년 이상 전해져 온 전통적인 고행과 자신만이 터득한 수행을 마치고 '수자타'라는 착한 처녀에게 우유죽을 공양 받고, 5비구에게 4성제를 설하시는 붓다의 옆에 있다고 가정합니다.

다행히 붓다의 상대인 다섯 비구는 한때는 동료 수행자였기에 말귀를 잘 알아들었습니다. 그들은 고행주의자였고 그 고행은 당시로서는 모든 수행자라면 당연히 거쳐야 할 단계라고 여겼을 전통적인 수행법이었습니다. 그리고 고행의 방법도 대체적으로 정해져 있었습니다.

못을 박은 판자에 가부좌로 앉아 있다던가, 물속에서 일생을 산다던가, 종일 태양을 바라보아 장님이 되는 수행자도 있었을 것입니다. 단식을 하는 정도의 수행은 그나마 고상한 고행법에 속했을 것입니다.

붓다는 그런 극단적인 고행이 무의미하다고 반발을 한 것입니다. 고행을 포기하는 수행을 택한다는 일은 쉬운 결정이 아니었습니다. 왜냐하면, 고행을 통해서도 얻어지는 것이 전혀 없지는 않았기 때문입니다.

경전에서는 비상비비상처非想非非想處까지는 고행으로도 가능한 단계라고 말합니다. 어찌 보면 고행은 욕심을 날려버리는 가장 빠르고 확실한 방법이 될 수도 있습니다. 가장 큰 고행의 성과는 아마 육체가 깨달음에 가장 큰 장애라는 것을 수행자에게 명확하게 일러준다는 사실이 맞을 것입니다.

이렇게 해서라도 욕망에서 벗어난다면 그는 물질에서는 해방된 수행자였을 것입니다. 그리고 상당한 존경과 신뢰로 새로운 신망을 사람들에게 주었을 것입니다. 여기까지가 당시 수행자들이 얻은 최고의 경지였습니다.

당시의 최고 권력층인 바라문은 동물을 죽여 제단을 만들어 신에게 바치고, 계급주의를 내세워 하위 계층에 대한 노골적 차별을 그대로 답습하고 있었습니다. 바라문의 이런 행태는 베다시대부터 1,000여 년 동안 이어졌고, 산업은 아직 농경시대에서 벗어나지 못하는 시절이었습니다.

붓다와 신흥수행자들은 이런 바라문들의 행태를 강력하게 비판합니다. 이러한 비판이 당연한 것은 바라문의 행태는 비록 전통적이었지만 미개하고, 극심한 인간 차별주의자였기 때문입니다. 바라문(brāhmaṇa)들은 사제司祭인 자신들은 머리에서 태어난다고 하고, 다음 계급인 크샤트리아kshatriya인 왕족은 옆구리에서 태어나며(붓다께서도 옆구리에서 태어나셨다고 전해지는 이유도 고타마 싯다르타가 왕족이었기 때문입니다) 세 번째 계급인 바이샤vaiśya는 평민으로 허벅지에서 태어나며, 최하층인 수드라sudra는 노예계급으로 발가락 사이에서 태어난다고 사람들에게 주입을 시켰습니다.

서두에 밝혔듯이 이런 계급 구성은 아리안 족이 인도를 장악하며, 자신들은 바라문에 속하고 대다수 인도 토착민은 피지배 계급으로 전락시키려는 불순한 의도가 있었던 것입니다. 그런데 교묘하게 아리안 족은 이 못된 사상을 베다에 접목시켜 붓다 시대까지 끌고 왔던 것입니다.

그러니 붓다 등 신흥 사상가들이 바라문과 계급제도를 비난하는 일은 대단히 용기 있고 혁신적인 '사건'이었던 것입니다. 일반 민중들은 너무 오래 전부터 전래된 일이기에 당연하게 여겼습니다. 더욱이 힌두의 업과 윤회라는 틀이 그들을 저항하지 못할 자포자기로 몰아버렸으나, 붓다 등 현명하고 새로운 사상들을 섭렵한 사문들에게 바라문들은 개혁되어야 할 대상이었습니다.

마침내 농경시대에서 벗어나 자연스레 상업과 교역이 발달을 하게 됩니다. 그런데, 상업과 교역으로 경제적 주체로 커가는 이들은, 자신들을 하층계급으로 바라보는 바라문을 공경할 하등의 이유가 없었습니다.

오히려, 자신들에게 맞는 사상을 펴나가는 신흥 사문들에게 호감을 가질 수밖에 없었습니다. 바라문에게 해 오던 보시도 붓다 등 사문에게 행하는 일이 자연스럽게 이루어지게 됩니다. 이런 연유로 붓다와 360여 신흥 사상가들이 번성하게 되었습니다. 그 변화의 중심지가 바로 붓다께서 깨달음을 성취한 후 곧바로 찾아간 빔비사라 왕이 다스리던 마가다국의 왕사성입니다.

그런 큰 변화 속에 붓다만의 반 고행주의의 성공은 역사적 사건인 것입니다.

어떻게 가능했을까요?

붓다, 수행 방법을 '업그레이드'하다

탈고행주의, 중도 수행

붓다를 이루기 전의 고타마 싯다르타는, 샤카(석가)라는 한 종족의 족장의 아들이었습니다. 경전에서는 당당한 왕자로 표현합니다. 여러 사료들을 참고하고 경전의 내용들을 소박하게 해석해도, 고타마 싯다르타가 보통 사람보다 여러 면에서 뛰어난 것은 사실이라 여겨집니다. 삶의 근본적 문제를 스스로 찾아내어 집요하게 사유를 했다는 사실 자체가 아무나 할 수 없는 일이기에 더욱 그렇습니다.

이런 창조적 '기질'이 당시에 만연하고 있는 고행주의를 과감히 버리고 중도 수행이라는 사실상 모험이라 할 수 있는 수행으로, 오히려 인류 역사상 최고의 정신적 경지에 도달할 수 있는 원동력이 되었을 것입니다. 그리고 타고난 체력과 왕자로서의 철저한 교육 또한 고타마 싯다르타가 자신감과 도전의식을 갖는 데 좋은 밑거름이 되었을 것입니다.

붓다가 당시의 고행주의로써 얻을 수 있는 경지는 앞에서 언급한 대로 비상비비상처非想非非想處였음은 붓다께서 누누이 언급하신 내용입니다. 붓다는 비상비비상처에 만족하지 못하고, 고행주의에서 중도 수행(필자주: 붓다께서 하신 수행법이 남방불교에서는 위빠사나, 북방불교에서는 참선이라고 주장해서 편의상 이렇게 이름 붙여둡니다)으로 수행 방법을 '업그레이드' 하셨습니다.

이것은 말처럼 쉬운 일이 아닙니다. 1,000년 이상을 이어져 내려온 수행의 최고 경지에 이르고 난 후 '이건 아닌데?'라는 생각을 감히 누가 할 수 있겠습니까?

비상비비상처라는 경지에 대해 언급을 해 보겠습니다.

기존의 설명은 삼계인 욕계·색계·무색계 중 정신작용으로만 이루어진 세계인 무색계의 공처空處·식처識處·무소유처無所有處·비상비비상처非想非非想處 등 무색계無色界 사천四天의 마지막 단계라고 말합니다. 고전적인 풀이로는 정신작용만으로 이루어진 세계임에도 아직 윤회의 적용을 받는 마지막 단계가 비상비비상처입니다. 불교에서 말하는 33천 등과 더불어 아주 관념적인 세계로 느껴집니다.

제가 거의 40년 가까이 불법을 대하면서 극복하기 가장 난해한 문제가 바로 '관념화'된 불교 틀에서 벗어나는 일이었습니다. 붓다께서는 관념이 아닌 '일상'으로 법을 설하셨고 실제 '평상심이 불심佛心'이라고 누구든 말은 합니다. 그러나 깨달음의 실체를 대할수록 한국불교의 진리의 관념화는 기복불교보다 더 고질적이고 심각한 병폐라고 절감합니다. 이 책을 읽는 분들이 '너도 똑같지 않느냐'라고 하실 것 같아 제가 느낀 그대로 소박하게 설명을 드리겠습니다.

비상비비상처는 '선악 시비분별이 느껴지지 않는 경지'라고 생각합니다. 많이 듣던 경지라서 특별할 게 없을지도 모르겠습니다. 그러나 언어는 같이 사용하고 있지만 내놓는 속내는 전혀 다릅니다. 선악 시비분별이 없으니, 당연히 편안하기는 한 경지입니다. 보통 편안한 경지가 아니라 탐·진·치를 벗어난 동요 없는 편안함을 이룩한 경지입니다. 얼치기 선사들은 탐·진·치를 벗어나면 단박 깨달음이라고 말하는데 결코 그렇지 않습니다. 실상은 이때부터가 법계를 아우르는 수행의 시작일 뿐입니다.

이쯤에서 다시 붓다의 심정으로 돌아와야겠습니다. 비상비비상처에 이른 붓다는 되레 그 경지에 엄청난 실망을 하게 됩니다.

왜? 붓다는 생사를 초월하고, 모든 살아 있는 생명체에 이익(자비)을 줄 수 있는 '능력 있는 경지'를 원했던 것이지, 자기 한 몸 편안하고 번뇌가 없어졌다고 만족하는 게 목표가 아니었기 때문입니다.

그런데, 현재의 우리는 불교의 이타심을 당연시하고 있지만(실행은 전혀 못하면서) 이런 붓다의 사고의 '점프'는, 한 세상을 창조하는 것만큼 상상하기 어려운 도약이었던 것입니다. 더욱이 붓다의 이타심은 그저 단순히 이해될 수 있는 수준의 것이 아니었습니다.

인류가 문명의 시대를 여는 데만 수 십 만년이 걸렸습니다. 붓다의 이 이타심 '한 생각'으로 비로소 인류에게는 명실상부한 최고등의 정신적 문명이 시작되었던 것입니다. 붓다의 반 고행주의의 성공은 바로 이런 의미를 지닌 역사적 사건이었던 것입니다.

중생의 이익과 안락, 행복을 위해 길을 떠나라

붓다, 진정한 승리자의 서원

큰 보리수를 병풍 삼고, 그 뿌리와 잎을 방석 삼아, 몸과 마음이 하나를 이루고 다시 그 마음이 우주와 계합契合할 때, 드디어 붓다는 인간이 도달할 수 있는 궁극의 경지에 도달했습니다. 붓다는 생명체가 갖는 집착과 본능까지도 정복한 최초의 진정한 정복자, 승리자가 되었습니다. 붓다는 넘치는 법열法悅을 즐기고 또 즐기면서 "이것이 바로 현세에 내가 이룩하려 했던 것이다"라고 재차 확인을 하였습니다.

희열을 가라앉힌 붓다는 이제는 앞으로 어떻게 해야 하는지를 결정해야 했습니다. 우주적 진리인 연기를 관하신 붓다께서는 그 마음의 여운을 간직하려 했을 것입니다. 그래서 5비구에게 자신이 방금 깨달은 경지를 자신 있게 말씀하셨을 것입니다.

그러나 붓다가 5비구에게 설한 내용은 4성제였습니다. 붓다께서 이들에게 12연기를 처음 설하셨다는 단 한 줄의 증거도 없습니다. 이건 상식에 어긋납니다. 즉, 5비구에게 설한 첫 가르침이 12연기법이어야 기존의 주장에 맞는데 실상은 4성제를 설하신 것으로 전해오고 있습니다. 그러니 이 모순을 해결해야 합니다. 12연기가 아니라 4성제를 최초로 설하셨다고 전해지는 이유를 해결해야 한다는 말씀입니다. 제가 찾은 해결 방법은 12연기는 후대에 조합된 것이고, 연기적 고-집-멸-도라는 사성제를 설하셨다고 결론짓는 것입니다.

붓다께서는 5비구에게 12연기가 아닌 법계의 '연기성'을 언어적이 아니라, 4성제라는 의미적으로 재차 확인해 주신 것이라고 이해하면 접근이 쉬울지도 모르겠습니다.

여기서 좀 더 과감한 추론을 한다면, 붓다께서는 연기법의 부분인 '인과'가 세상에서는 사람들이 생각하는 방향으로 전개되지 않을 수 있다는 부분에 상당한 고민을 하셨을 수 있다고 여겨집니다. 연기에는 의도나 선악이 없지만, 세상은 인과에 의도와 선악을 부여하기 때문입니다.

경전에 등장하는 붓다께 법을 설하기를 세 번 간청하는 범천왕의 모습도 이런 세상에 투영되는 인과에 대한 붓다의 속내를 표현한 방법이라고 이해됩니다. 또한 붓다의 신격화 후의 일이지만, 붓다가 태어난 국가가 정복당해 없어진 사실도 특별한 인과因果를 적용시켜야 하는 일이 실제로 벌어졌습니다.

이렇듯 붓다의 고민은 당시의 고행주의자들이 말한 '비상비비상처'나, 또 다른 수행의 무리들이 말하는 이치理致와는 전혀 다른 경계를 체험했다는 것이었습니다.

붓다의 깨달음의 목적은 '중생의 이익과 안락과 행복'을 위함에 있었기에, 드디어 전법傳法을 위해 힘찬 발걸음을 내딛게 됩니다. 이제 붓다는 큰 포부를 펼치려 합니다. 단순히 중생들에게 공덕을 짓게 하려는 것이 아니라, 사람들 모두 당신과 같이 생사를 초월한 수승한 진리를 얻을 수 있다는, 초유의 가르침을 세상에 펼치려 하셨던 것입니다.

5비구와 더불어 붓다는 거침없이 자신의 깨달음을 설파할 장소를 택합니다. 그곳은 당시 가장 큰 도시였던 마가다국 빔비사라 왕이 거처하는 왕사성이 있는 라자그리하Rājagṛha였습니다.

제2장

붓다,
다르마를
설하다

힌두이즘을 제압하다

붓다의 연기緣起

붓다의 가르침을 제대로 이해하기 위해 전제되어야 하는 사안 중 하나는, '이미 2,000년을 이어 온 인도의 사상에 대해 붓다의 사상이 무엇으로 최고의 자리에 오를 수 있었을까'입니다. 베다와 우파니샤드, 힌두이즘을 제압할 수 있는 붓다의 가르침은 오직 연기緣起 이것임을 확인했습니다. 그리고 이 연기는 붓다께서 마음을 통해 관찰한 마음과 물질을 아우르는 제1의 진리임이 2,500여 년간 검증되어 왔습니다.

과학이 발전할수록 연기는 그 위치가 확고해 가고 있습니다. 원인에는 결과가 있고, 결과에는 원인이 있다는 연기의 진리는 과학적 사명과 목표에도, 또 방법론에 있어서도 마찰을 일으킬 소지가 적어 보입니다.

불교가 '마음의 종교'를 표방하는 것은, 마음의 실체를 인정하고 물질적 실체를 인정하지 않는다는 말은 아닙니다. 붓다께서는 사람들이 물질에 집착하고, 힌두이즘이 보여주듯이 희생제나 형식에 얽매인 종교성이 강조된 틀로서는 연기를 볼 수 없다고 단언하시고, 역사상 처음으로 잊혀져 있던 인간의 가장 깊은 마음의 경지를 강조하셨던 것입니다.

붓다께서 연기를 깨달았을 때 사람들은 그 경계를 눈치 챌 수 있는 방법이 없었습니다. 사람이 해낸 최초의 일이니 당연했을 것입니다. 붓다께서도 어떻게 사람들에게 설명을 해서, 자신과 같은 안락의 경지로 인도할지를 고민하셨을 것입니다. 이 모든 것이 인류 역사상 '최초의 일'임을 상기하고자 합니다.

아라한과 붓다, 이 언어는 당시에는 보통명사였습니다. 그리고 이 둘은 당시에 사람들이 염두에 둔 수행의 최고 경지였습니다. 지금도 그렇듯이 어쩌면 당시에도 살아 계신 붓다께서 직접 설법을 해도, 그 경지를 이해하는 사람은 거의 없었을 것입니다. 10대 제자도, 용수와 세친도 거대한 깨달음의 정상을 보지는 못하고, 그저 도전하고 오를 수 있는 '코스' 한두 개쯤을 발견한 것일지도 모릅니다.

실제로 붓다의 깨달음은 퍼펙트한 것이었고, 그 후 오늘날까지 붓다의 퍼펙트에 1~10%만 가까이 다가서도 보통의 인간의 사유를 단번에 넘어서는 것이 사실입니다. 붓다의 온전한 깨달음은 12연기가 아니라, 우주의 이理와 사事의 근본 원리인 "이것이 있으니 저것이 있고, 이것이 멸하면 저것도 멸한다"는 상의상관 관계의 원리인 군더더기 없는 연기緣起입니다.

인과는 연기의 부분집합이다

연기緣起 속의 인과因果

세계는 물질계와 정신계로 이루어져 있습니다. 물질계는 정신계의 영향을 받고, 정신계는 물질계의 영향을 받습니다. 물질계가 정신계의 영향을 받는다는 것은, 내 마음의 움직임에 따라 내가 주재主宰할 수 있는 물질이 있다는 것으로 증명이 됩니다.

머리 아플 때 게보린을 먹느냐, 타이레놀을 먹느냐가 그렇고, 승용차를 고르는 일, 옷과 음식을 선택하는 일도 내가 물질계에 영향을 주는 일입니다. 숨 쉬고 방귀 뀌는 일도 당연지사 물질계에 주는 영향력입니다. 반대로 물질이 내 마음을 빼앗아 가니, 물질계가 정신계에 영향을 받는다고 단정해도 됩니다. 우유주사라 불리는 마취제의 일종인 프로포폴propofol에 중독되는 사람들이 부지기수인 것으로 보도되고 있습니다. 물질이 정신에 영향을 준다는 사실을 부정할 수 없게 만드는 일입니다.

(저는 몇 차례 내시경 검사 시에 이 약을 투여 받았습니다. 당시에는 몰랐지만 수면마취 검사를 했으니 유사한 약효가 있는 약이 투여된 것이 분명합니다. 이런 경우 인과因果가 별 오차 없이 유추되는 것으로 추정할 수 있지요. 그런데, 내게는 아무런 느낌도 들지 않더군요. 간호사 말이 "1차 투약에 효과가 없어 통상량의 2배를 주사했는데 안 졸립냐?" 하더군요. 결국 말똥말똥한 정신으로 위·대장 내시경을 받을 수밖에 없었는데, 대장 내시경은 장 속을 비우는 관장을 밤새 한 것이 아까워서 했는데 아파 죽는 줄 알았습니다.)

1차 정리를 한다면 물질事과 정신 혹은 마음理은 상호 연기緣起 관계에 있다는 말입니다. 인·연·과는 간단없는 이와 사의 한 단면을 '사건적'으로 보는 것에 불과합니다.

붓다는 연기를 체득한 최초의 인간입니다.

그렇다면 붓다는 세계에 현현되는 인과 연과 그 과보를 다 아셨을까요?

역사적 붓다는 세계의 존재 원리인 연기를 체득했지만, 이와 사가 어우러져 세상에 나오는 인·연·과를 다 알 수 없었습니다. 공장에서 출시된 그 많은 스마트폰이 어떤 인연으로 누가 왜 구입하는 것까지 알 수는 없다는 의미입니다.

『화엄경』에서는 보살 정도만 되어도 무량 법계의 낱낱 중생의 그 업과 과보를 모두 안다고 말합니다. 그건 법계=연기=비로자나 법신불로 발전한 관념 속에서 만들어진, 완벽한 일체의 개념, 허물 없는 완벽한 붓다가 존재해야 한다는 사상적 발전이 신앙과 결합해 추론된 것입니다.

고타마 붓다는 연기라는 체(體)를 확인한 '깨달음'을 얻은 후 말씀하십니다.

"연기는 내(여래)가 태어나기 이전이나, 내(여래)가 멸한 후라도 나와는 상관없이 존재한다"고 하셨습니다. 이 연기에 확철한 경계라는 것은, 인간의 욕심과 작위로 인(因)과 연(緣)을 엮어가서 만들어 내는 과(果)라는 것을, 아주 미미하고 소소한 일로 여길 수밖에 없을 정도로 마음의 무한 팽창을 이룩한 것입니다.

무슨 말인가 하면 한 인간이 어떤 문제에 자신의 마음의 10%쯤 빼앗기고 있다고 가정합니다. 이것을 반인 5%로 줄여 집착과 번뇌 역시 반으로 줄이는 일도 가능하지만, 자신의 마음을 10배로 확장시킨다면 이 역시 빼앗기는 마음을 10%에서 1%로 줄이는 효과가 있다는 뜻입니다.

고타마 붓다는 마음을 극대화시켜 인간이 갖는 모든 욕망을 아주 미미한 수준으로 낮추어 버린 것입니다. 그것이 감각기관을 다스리는 초기 수행의 방법론이며, 번뇌의 불을 다른 곳으로 번지지 못하게 단속한 붓다의 열반의 경지였던 것입니다.

고타마 붓다도 곳곳에서 인간으로서의 감정을 드러냅니다. 제자들을 야단치고, 우열도 가리고, 갈증이 일 때는 목말라 하며, 늙고 병드는 육체적 고통도 호소했습니다. 그러나 그런 감정은 연기의 관점에서는 마치 태양에 물 한 방울 더한 것과 같은 의미밖에는 없었던 것입니다.

인간은 본능적으로 인·연·과를 도식화하려 합니다. 그러나 인간의 역사를 통해 인·연·과를 깔끔하고 명백하게 밝혀낸 것이 있습니까?

여러분이 '이것은' 분명한 인·연·과의 과정이라고 증명해 낼 수 있는 것이 몇 가지나 되겠습니까? '술을 마시면 취한다'는 것은 사실이지만 어떻게? 왜? 취하는지는 알 수가 없습니다. 우리에게 벌어지는 거의 모든 일도 마찬가지입니다.

대부분의 경전과 논서들에서 인과는 분명하다고 말합니다. 맞습니다. 불이 있으면 뜨거우니, 인과가 분명합니다. 그러나 "현생에 가난한 인因은 과거생에 인색하게 살았기 때문이다"라는 모범적인 경전적 해석과 의존은, 붓다의 연기와는 전혀 상관이 없다(원죄론적 인과 관계가 없다)는 사실을 명심하자는 것입니다. 연기 자체에는 선악이 없습니다. 인과에도 선악이 없습니다.

따라서 인과응보는 맞는 말입니다. 하지만 선인선과善因善果, 악인악과惡因惡果는 인과에 징벌적 도덕률을 극대화시킨 것입니다. 연기의 부분집합으로 벌어지는 인과에는, 선이나 악이라는 인간의 자기편의적 분별이 섞일 수가 없습니다. 인과는 연기의 한 단면이고 연기는 우주와 법계의 존재 그 자체와 질서로, 인간의 분별심이 오염시킬 수 없는 자리입니다.

붓다께서는 이 원리를 깨달으셨기에 시비와 분별, 선과 악, 태어남과 죽음, 이런 온갖 양변을 여의고 중도의 자리에 안착하셨던 것입니다.

붓다에 주파수를 맞추라

연기, 산은 산 물은 물

1. 산은 산, 물은 물–통상적인 산과 물.

2. 산은 산이 아니고, 물은 물이 아니다–산은 시명산是名山(이름하여 산이라고 할 뿐–금강경식 표현), 물은 시명수是名水(이름하여 물일 뿐) 실은 산은 산이 아니고, 물은 물이 아니다.

3. 그래도 산은 역시 산이고, 그래도 역시 물은 물이다–산을 분해해 흙덩이라고 부를 수는 없으니 산山이 아닌 무엇으로 부르랴, 물도 물이 아니면 무엇이란 말인가? 그러니 산은 역시 산이고, 물은 역시 물일 수밖에 없다.

깨달음을 얻은 후의 붓다 역시 세상을 허망하다거나, 세상의 경계가 없다(無境)라고 단정하지 않았습니다. 불멸 후 대략 7~800백년 후 세친이라는 논사가 주장한 오직 식識만이 있을 뿐 밖의 경계인 물질은 없다(예를 들면 달은 내가 볼 때는 존재하지만 내가 보지 않을 때는 그 존재를 인정할 수 없다는 것)는 유식무경唯識無境은 저로서는 동의할 수 없습니다. 또한 현재에도 유식무경에서 식識을 '일체유심조의 마음' 심心과 동의어로 풀이하고, 무경無境을 공空의 개념으로 세친의 유식사상을 이해시키려는 학자들의 풀이를 도무지 납득할 수가 없습니다. 그런 식의 해석은 세친이 비판한 중관中觀 사상과 공空의 개념을 통해 세친의 유식 사상을 이해시키는 엄청난 모순입니다.

붓다는 자신이 태어난 코살라Kosala 국이 침략당하여 마가다Magadha 국으로 종속되는 '현실'을 인정할 수밖에 없었습니다. 불교를 허망론으로 몰고 가는 것은 매우 위험합니다. 붓다는 정신이든 물질이든 상호관계를 일으키고 결과를 맺어가는 연기緣起라는 관계성을 강조하는 의미에서, "네가 보고 느끼고 얻으려는 것은 순간의 가치이지 영원성이 없다"고 말하며, 인간의 집착과 욕망을 경계한 것일 뿐입니다.

세상의 시공의 변화와 관계없는 영원한 가치는 오직 연기緣起를 체득하여 세상의 고苦와 낙樂, 생과 사를 무상으로 인식하며, 집착과 오욕五慾을 일으키는 자신의 마음이 실은 무아無我(空我)라는 진리라고 '느끼라'고 한 것이 붓다의 가르침의 전부입니다. 이 '느끼라'의 방법론(수행법)이 다양하게 해석되고 발생하게 되니 지금과 같이 불교가 아주 번잡스러워진 것입니다.

'번잡'이라는 것은 문화적 · 시대적 다양성으로 이해해 줄 수도 있지만, 지금의 한국불교는 단순히 수행론의 번잡만이 아닌, 붓다의 가르침의 핵심인 연기는 망각하고 오직 신앙을 강조하는 종교로 퇴락해 버린 것이 문제입니다. 그렇다고 불교가 신앙성을 배제한다는 말은 아닙니다. 그 신앙성 즉, '믿음'은 연기라는 진리에 나 자신도 한 축을 담당하고 있어 법계의 일원이라는 믿음, 법계에 편재한 곧 붓다께서 깨달음을 이룬 후 느낀, 바로 그 마음의 파장에 나도 하나가 되어 같은 파장을 이룰 수 있다는, 법신불法身佛에 대한 귀의와 발원이 불교의 종교성이 되어야만 합니다.

엉뚱한 자문자답

이율배반도 연기緣起로 해결된다

'이율배반'의 유명한 예를 먼저 들겠습니다.

'모든 크레타 인은 거짓말쟁이다'라는 크레타 출신의 철학자 에피메니데스의 말이다. 이 크레타인 철학자의 말이 참이라면 그는 거짓말쟁이여야 한다. 만약 에피메니데스가 거짓말을 했다면—그래서 '모든 크레타인은 거짓말쟁이다'라는 말이 거짓이라면—그렇다면…… 그렇다면 어떻게 되는 걸까? '모든 크레타인은 거짓말쟁이다'라는 말의 반대가 '모든 크레타인은 진실을 말한다'라면, 거짓을 말할 때 에피메니데스는 실제로는 진실을 말한 것이 된다.

이런 이율배반의 예(말 자체에서 발생하는 논리적 모순을 극복해야 하는 표현들)는 흔치는 않지만 그렇다고 전혀 없지는 않습니다. 말장난과는 차원이 다른 문제라 학자들의 연구 대상이 되기도 합니다.

무상과 무아가 불법의 요체이고 우주의 실체적 진리인 것은 부정할 수 없습니다. 그렇다면 불법(붓다의 가르침, 불교) 자체도 무상과 무아에서 예외일 수 없다는 말이어야 합니까? 아니면 불법 자체는 무상과 무아를 '만들어 낸' 진리이니까, 무상과 무아에서 자유로울 수 있는 자격이 있는 것이어야 합니까?

'불법이 무상無常·무아無我에 해당이 되는가'라는 의문입니다.

저는 해당이 된다는 견해입니다. 무상은 제행무상의 줄임이고, 무아는 제법무아의 줄임입니다. 제행무상은 연기를 사事의 논리로 표출한 것이고, 제법무아는 연기를 이理의 논리로 표출한 것입니다. 이 구별은 사실 삼법인三法印을 이해하는 데 매우 중요합니다.

이 이理와 사事가 원융되고 다시 진아眞我와 합일되는 안팎 세계의 불이不二가 바로 궁극적 깨달음입니다. 당연히 이것은 모조리 연기緣起 자체이기도 한 것입니다. 불법도 제행무상과 제법무아이기에, 시공을 초월한 각기 다른 듯한 가르침으로 존재해 왔고 앞으로도 그럴 것입니다. 연기는 존재 자체이기에 부정과 긍정의 밖에 있습니다.

어떤 이론과 어떤 사상을 논해도 혹은 어떤 원자와 어떤 새로운 물질을 발견하거나 만들어내도 그것은 긍정·부정의 문제가 아니라 이理와 사事의 문제, 즉 제행무상과 제법무아에서 벗어날 수 없고, 연기緣起라는 것이고 곧 불법 그 자체라는 말씀입니다.

과거불과 미래불이 추정될 수 있는 요인도 연기緣起를 깨닫는 사람은 과거 혹은 미래와 관계없이 '붓다'라고 부를 수 있다는 사실 때문입니다. 그리고 연기를 깨달은 이들은 제행무상과 제법무아, 반복되는 설명이지만 삼라만상과 법계의 이理와 사事의 근본적 원리를 볼 수밖에 없는 것입니다.

혹, 우리가 상상할 수 없는 우주, 예를 들어 기체로 이루어진 몸통에 황산을 혈액으로 삼는 고등생명체가 있다 하더라도 연기緣起로 접근하면 하나도 이상할 게 없다는 말입니다. 그런 생명체에 대해 현재 갖는 '비과학적이라거나 불가능하다'라는 생각은 특정 '잣대'가 있는 '논리' 속에서 이루어지지만, 연기적으로 받아들인다면 '우리는 현재 모르지만 그럴 만한 인과 연이 있기에 그런 생명체인 과가 있을 것'이기 때문입니다.

물에 가라앉는 돌을 뜨게 할 수는 없다

업, 고

수행 목적이 개인의 깨달음이라면, 수행이 완성된 후에는 독각獨覺, 연각緣覺, 아라한阿羅漢 등으로 불리는데 이는 고통에서 자기 자신만 해방된 상태입니다. 이에 반해 대승불교는 과거의 이기주의적 수행을 극복하고, 내 깨달음이 늦어져도 중생을 먼저 구제하겠다는 이타 수행이 대승불교의 정수입니다. 그리고 중생 구제란 구체적으로 중생을 일체의 고난苦難에서 해방시키는 것입니다.

그런데 붓다는 고苦가 무명에서 비롯된다고 하셨습니다. 무명이라는 단어 속에 내재된 고苦의 실체를, 붓다께서는 생로병사生老病死의 4고四苦라고 하셨습니다. 이 네 가지는 깨달음 이전에 인간으로 태어난 근본업이라는 의미로 근본무명이라고 부릅니다. 도무지 내 의지와는 어쩔 수 없이 겪게 되는 고통, 이것이 우리 삶의 골칫거리인데 불행하게도 이런 업業이 점차 늘어가는 것이 괴롭습니다.

아주 먼 조상으로부터 물려받은 유전자의 결함에 의한 병고病苦, 도무지 확률상으로는 불가능한 사고事故, 자신은 분명히 선한 일을 한 것인데 그로 인해 곤경에 처하는 낭패 등 따져보면 제법 많습니다. 물론 말 그대로 자업자득이니 마땅하다는 경우가 압도적으로 많습니다.

그런데 이런 개인마다 다 다를 수밖에 없는 고통의 질과 양, 크기와 성격에 관계없이 고苦는 네 업이니 받아들이고 참회하라는 한국 불교의 시각은, 업에 대한 붓다의 시각과는 너무나도 다르게 느껴집니다. 아니 태어난 게 무슨 '죄'입니까?

그런 업의 논리라면 중생들은 고통 속에 살면서 일체의 '불만'을 입 밖에 내서는 안 됩니다. 현재 당하는 고통이 모두 자신의 업의 결과인데, 그 진리를 모르고 한탄하는 것은 불법을 모르는 무지의 소치라는 말인데 정말 그렇습니까?

음주 운전자로 인해 내 부모가 사망하고, 악덕 기업주로 인해 월급도 못 받고, 의사의 실수로 내 가족이 식물인간이 되어도 과거의 업 때문이니, 되레 참회 기도를 해야 그게 바른 불자라는 말이 맞습니까? 이런 식의 업이라면 기독교의 원죄나 하나님의 뜻에 불교의 업을 대입시켜도 하나도 어긋날 게 없습니다.

붓다께서 말씀하신 업業은 '물에 가라앉는 돌을 뜨게 할 수는 없듯이' 도대체 내가 어찌할 수 없는 '무엇'이라는 뜻인 것입니다.

불자들이 붓다의 가르침을 경전의 내용을 통해 바로 알게 되면, 무지에서도 벗어나게 되고 그렇게 되면 스님들이 헛소리를 해댈 때 기만당하지 않고, 그러면 기복에서 수행으로 관심이 옮겨지고, 그러면 스님들도 불교 공부를 더 깊이 있게 하게 되고…… 한국불교에 이런 변화를 실현하고 싶었습니다.

그래서 10여 년 전 인터넷에 잔뜩 중요 경전을 해설을 해 놓은 세존 사이트(www.sejon.or.kr)를 개설했습니다. 불자 회원이 2~3만 명쯤 되면 0.1%만이라도 한 달에 1만 원씩 동참해 주면, 그 힘을 모아 한글대장경 전체를 전산화해 검색어만 입력하면 대장경의 해당 부분이 다 검색되어 내용까지 바로 확인할 수 있는 시스템을 갖추려 원을 세웠습니다.

현재 가입 회원이 3만 5천 명이 넘었고, 스님 회원만 2,700여 명입니다. 헌데, 지금의 저는 10여 년 동안 전산화 불사에 투입된 금액을 제외하고도, 운영비 등으로 부채를 끌어안게 되었습니다. 업業이란 그런 것입니다. 이 글을 읽는 분이 재가자든 출가자든 함부로 업 운운하며 상대를 기만하지 말라는 말씀입니다. 그거야말로 진짜 업이 됩니다.

인因과 연緣의 결과물
업

업은 인因과 연緣의 결과물인 것만큼은 부정할 수 없습니다. 즉, 이미 결정된 과果를 업業이라고 해도 틀리지 않다는 말입니다. 자칫 인과관계가 분명하지 않은데도 업으로 돌려버리려는, 막무가내식 단정은 가려야 한다고 여기기 때문에, 연기 안의 인·연·과와 더불어 업의 실체를 분명히 하고자 하는 것입니다.

단도직입적으로 말하면 업業이란 '인연에 의해 결정된 변질될 수 없는 과果'라고 단정할 수 있습니다. 업이 결정되기까지의 과정인 인연은 중생의 사유로는 헤아리기 어려운 경우가 더 많을 것입니다. 『화엄경』 등에서는 인과의 불가사의不可思議는 불·보살의 경지에서야 능히 드러내 보일 수 있다고 합니다.

병에 걸렸다는 사실을 예로 설명을 하자면,

1. 업은 과거의 인·연으로 이미 결정되어 누구의 의지로도 변질시킬 수 없는 과果의 상태를 말한다.

예) 병에 걸렸다는 사실– 왜 걸렸고, 어떻게 고칠 수 있는가는 이미 벌어진 업業의 상태에서 다시 시작되는 인·연에 의해 결정된다.

2. 업은 그 자체로 소멸하지도 선악의 기준이 되지도 않는다.

예) 병에 걸렸다는 사실– 이미 병에 걸린 상태는 되돌릴 수 없고 (병이 안 걸릴 수 있게 만드는 과거로의 회귀가 불가능하듯이) 또한 병에 걸린 후 오히려 건강에 각별히 유념을 하게 되어, 남은 삶을 병에 걸리기 전보다 더 건강하게 살 수도 있고, 혹은 그 병에 의해 죽을 수도 있으니 업의 선악은 논할 수 없다.

3. 업은 인·연·과의 결과물이지만 어떤 인因, 어떤 연緣이 그 업業을 형성하게 했는지 단정하지 말라.

예) 병에 걸렸다는 사실– 단순한 감기에서 난치병이나 희귀병의 발병 원인은 사실 의사도 확신을 거의 못한다. 경험이나 통계적 유추로 인因을 파악하고, 치료 방법이라는 연緣을 최대화하려는 것이 의학이다. 병이라는 업業을 자가 진단하고 치료인 연緣마저도 자기 식대로 고집한다면 죽음이라는 과果를 만들어 내고, 결국 그 죽음이 인因이 되어 자신의 주변에 부정적 연緣을 생성시켜 또 다른 업業을 결정하게 될 것이다.

정해진 업業은 없다

업의 개념이 안고 있는 업

욕계欲界: 물질의 세계라서 자연히 물질의 가치에 욕심을 낼 수밖
에 없는 세계.

색계色界: 물질의 몸은 아직 버리지 못했지만, 물질에 대한 욕망
은 제거된 세계.

무색계無色界: 물질의 몸도 벗어버리고, 오직 정신만으로 이뤄진
세계.

이 셋을 삼계三界라 하는데 우리는 이중에서 욕계에 속해 있으니,
욕계의 속성은 비교적 잘 이해할 수 있습니다. 색계 · 무색계는 정신
적으로는 정교한 분류인지는 몰라도, 우리가 인지할 수 없는 세계입
니다. 인간이 유추하고 사유할 수 있는 거의 모든 수준의 세계로 구
성된 삼계三界는 윤회의 범주에 속합니다.

아프리카 오지의 개미의 한 무리는 수십 만 년을 인간과 공존했을 겁니다. 그러나 그 개미는 인간의 존재를 상상할 수 없습니다. 그럼 인간은 그 낯선 개미를 상상할 수 있을까요? 가능합니다.

다만, 우리는 같은 개미류를 통해 그들의 무리가 우리가 알고 있는 개미의 특성을 상당 부분 공유한다는 확고한 전제가 있어야 합니다. 그 개미는 수십 만 년간 인간이 확인을 하지 않았어도, 땅 속에 개미집을 짓고, 우리 앞마당의 개미와 크게 다르지 않은 방식으로 생존해 왔을 것입니다. 그 개미가 공중에 줄을 쳐서 산다면, 그 사실로 개미가 아닌 '거미'에 가깝지 않은가를 의심해도 좋을 것입니다.

이런 방식의 논리적 추론법은 고도로 지적이고 기술적인 것입니다. 지적 기술력이 없는 개미가 인간을 이렇게 분석하지는 못할 것입니다. 그러나 인간은 충분한 지적 능력으로 이런 기술적이고 합리적인 방법을 점차 발전시켜, 인간의 사유의 범주를 극도로 넓혀가고 있습니다.

이렇게 사유의 범주를 넓히는 방법을 가능하게 하는 1등 공신이 바로 과학과 과학적 사고입니다. 사유와 직관이 과학에 비해 보잘 것 없다는 말이 아니라, 지금부터는 과학을 배제한 사유와 직관이 과거와 같은 권위를 누리지는 못한다는 뜻입니다.

붓다시대에는 달은 결코 인간이 갈 수 없는 곳이라고 단정했을 겁니다. 그러나 현대과학은 달에 인간의 발자국을 남기고, 화성에서는 로봇이 작동하며 엄청난 자료들을 보내고 있습니다. 달과 화성 탐사는 물론 1977년에 발사된 보이저 1호는 태양계 밖을 벗어나 광

활한 우주의 정보를 우리에게 보내고 있습니다.

기독교 신이 창조주로서의 절대 자격을 의심받고, 거부되기 시작한 것은 종교인의 '사유의 힘'이 아닙니다. '지구가 천체의 중심'이라는 코페르니쿠스 이전의 천문학 수준에서 멀리 벗어난 지금의 과학적 분석으로는, 성경에서 말하는 그런 하나님은 인정하기 참 곤란하다는 것이 점점 명백해지기 때문입니다.

창조주 하나님을 인정하려면 인간의 지적 활동을 잠시 억제하고, 창조의 역사가 4,000년에 불과하다는 말을 믿어야 합니다. 부활과 구원, 성경의 문자주의적 해석은 과학적 양식을 갖춘 목사나 신부라면 그대로 믿기가 쉽지 않을 것입니다. 더욱 세상일의 모든 선·악의 판별도 결국 신의 몫이라 단정 짓는다면, 조금 삐딱한 인간이라면 제멋대로 세상을 살면서 행여 비난을 받게 되면 "그건 너 같은 인간이 판단해선 안 될 문제야"라고 우겨도 될 듯싶습니다.

중세와 달리 발전된 현대 신학은 성경을 은유와 의미의 함축으로 풀이해야 한다는 주장에 힘을 실어주고 있습니다. 이건 제 사견이 아닙니다. 세계적 과학자라면 신에서 탈출하지 않으면 자기 전공에서 동료들에게 인정받는 연구 성과를 낼 수 없습니다. 세이건과 호킹, 도킨스 등은 그런 수준을 넘어 노골적인 반 기독교적으로 대표되는 과학자들입니다.

붓다의 위대함은 절대적 권위를 유지하고 있던 힌두이즘의 수많은 신들을 부정하고, 인간 지성 최고의 가치인 '자비'와 '깨달음'을 역설하시며, 그것을 전법하여 어리석은 중생들을 무명에서 벗어나게 하신 '인연'에 있습니다. 실제 붓다의 출현으로 과거의 모든 사상은 비판의 대상이 되었고, 붓다의 새로운 가르침을 받아들일 수밖에 없었습니다.

붓다의 비판의 대상 중 핵심은 인도 동북부로 이주해 온 아리아 인들이 토착민을 장악하고 지배하기 위해 4계급제를 만들고, 다시 계급제의 정당성을 확보하기 위해 '업'과 '윤회'의 논리를 적극 활용한 베다와 바라문을 겨냥했던 것입니다.

인도를 침공해 지배계급을 이룬 아리아 인들은 전생에 이미 바라문이나 왕족으로 정해졌다고 윤회를 이용하고, 토착민들에게는 전생의 업으로 천민에서 벗어날 수 없다는 확고한 사상적 멍에를 씌어버린 것입니다.

붓다께서는 정복자이자 지배자인 그들에게 "바라문은 태어날 때부터 바라문이 아니다, 자신의 언행이 바라문다울 때 바라문이라 한다"라고 단호히 말씀하셨습니다.

이 말씀은 "바라문이라는 정해진 업業은 없다, 계급제의 최고 지위는 업業이 결정하는 것이 아니다"라는 선언과도 같습니다. 실제 붓다의 교단에서는 출가 전 세속의 직업이나 지위, 재산이나 명예 등은 전혀 인정하지 않고 출가 순으로 서열을 삼으셨습니다. 계급과 순위를 만드는 업은 인정할 수 없다는 강한 의지를 갖고 계셨던 것입니다.

전생과 내생, 붓다께서 타파하신 계급제도 등은 업業이라는 최고의 '이현령비현령耳懸鈴鼻懸鈴'이 있었기 때문에, 무지한 대중들에게 그 업의 힘을 확대하고 피할 수 없는 운명으로 받아들여, 계급제가 당연한 것으로 인식되도록 무려 1,500여 년 동안 주입했던 것입니다.

더군다나, 지금이나 그 당시나 중생들은 자신이 이해될 만한 수준의 범주를 넘어서는 논리나, 자신의 집단을 해체시키는 논리가 내재된 사상은 쉽게 수용하지 못하는 게 시대와 관계없는 중생의 속성입니다.

붓다는 업을 진행되는 행위나 행동으로 파악하지 않으셨습니다. 경전에는 셀 수 없이 많은 업과 과보, 윤회에 대한 언급이 있습니다. 그 중, 아함경에 "돌을 호수에 던지면 가라앉게 마련이다. 네가 돌이 가라앉지 말라고 염원을 해도 돌이 가라앉는 것을 멈출 수는 없다"는 말씀이 있습니다.

이 말은 "돌의 업業은 물에서는 가라앉는 것이니, 인간의 힘으로는 막을 수 없다"로 이해해도 틀리지 않습니다. 아니, 그렇게 설명해야 맞습니다. 그럼에도 우리가 지금까지도 업을 힌두교와 같은 의미로 해석하고, 또 스스로 업의 속박으로 귀속하려는 근본적 오류는 '종교는 완벽해야 한다'는 강박관념에 있습니다.

그러나 한번만 숨을 들이마시고 냉정하게 내면의 이성을 발동시키면 2,500여 년 전의 한 종족의 생각을 지금도 그대로 진리라고 믿는 것이야말로 미신이고 맹신 아니겠습니까? 이것뿐만이 아니라 숱한 신앙적 맹신에 빠진 한국불교의 뒤죽박죽인 '통불교'를 일직선으로 재정립할 방법이 없습니다.

이 뒤죽박죽의 큰 원인제공자 중 하나인 업業을 붓다께서 정의하신 업으로 돌려놓지 않는 한 어떤 공부나 수행도 붓다의 길을 간다고 말할 수 없습니다. 붓다께서 힌두이즘을 타파하시고 밝히신 업의 개념은 "연기적으로 이미 결정되어 인간의 능력으로는 어찌할 수 없는 일(돌이 물에 가라앉는 사실이 연기적이듯)"이라고 정의하고 싶습니다.

업은 지금도 왜곡되어 불자들의 삶을 좌지우지합니다. 예를 들면, 자신이 억울하고 부당한 일을 당했으나 힘에 부쳐, 스님에게 해법을 의논하면 "그건 네 업이니 참고 지내라"는 3,000여 년 전의 정답을 들을 가능성이 높습니다. 정작 문제는 정답을 그렇게 잘 알고 있는 스님들이 모여 있는 승가, 그중에서도 권력의 중심부에 있을수록 '자신의 업'을 전혀 인정하지 않는 행태가 만연되어 있다는 사실입니다.

붓다, 연기의 관점으로 세계를 보다

업과 윤회는 일반언어

　　업(karma)과 윤회(saṃsāra)는 붓다 이전 거의 천 년 전부터, 즉 초기베다에서 우파니샤드에 이미 개념화된 일반 용어였던 것입니다. 업의 개념은 기본적으로 '행위', '행동', '작용' 등으로 어떤 결과를 내재하고 있는 것으로 단정 짓고 있었습니다. 윤회는 업이 원인이 되어 태어나서 죽음을 반복하는 것으로 인식하고 있었습니다. 다시 말씀드리지만, 이 둘은 고대 인도의 고유 사상이었던 것입니다. 문제는 이제부터입니다.

　　그렇다면 붓다께서는 또 다른 '무엇'을 깨달으셨기에, 오히려 이 두 가지에 집착하고 있던 사람들을 그토록 질책하며, 올바른 가르침이 아니라고 강조하셨던 것일까요? 이 둘을 제압하고 능가하는 그 '무엇'을 가르치셨기에, 그 당시의 쟁쟁한 수행자들도 붓다와의 논쟁에서 굴복을 할 수밖에 없었을까요?

그 '무엇'은 바로 연기緣起라는 전혀 새로운 관점으로 세계를 보는 것이었습니다. 당연히 업과 윤회도 연기가 허락하는 범위 내에서 이루어지고 설명되어야 합니다. 그것도 12연기가 아닌 그냥 '연기'이어야 합니다.

이것이야말로 우리 모두가 깊이 새겨야 할 화두인 것입니다. 분명한 사실은 한국의 불교는 상당 부분 붓다 이전의 업과 윤회의 개념으로 신도를 유인하고, 신도들은 고달픈 길인 깨달음으로 향하기보다는 내 욕심을 빨리 또 손쉽게 얻으려는 심사로 불교를 믿는다는, 참으로 인정하기 싫은 현실이 엄연한 '사실'이라는 것입니다.

내친 김에 첨언하면, 아무런 대안 없이 '지식'을 깨달음의 장애로 매도하는 선禪 병에 대해 인간의 지성과 통찰력을 확신하는 저로서는, 선은 물론 지식을 포함한 모든 사상과 존재가 연기 안에 있다는 것을 증명하려 애쓸 것입니다.

한두 살 때 아버지를 잃은 어린아이가 철이 들어, 엄마에게 "아버지는 어디 가셨어?"라고 물어오면 "애야, 아버지는 하늘나라에 편히 계신단다"라고 답할 수 있습니다. 그렇다고 "아이의 엄마가 하늘나라를 믿고 있으니, 기독교인이 확실하다"라고 주장하는 것이 현명한 것입니까? 우리에게 하늘나라가 보통 명사이듯, 업과 윤회는 인도에서는 베다시대 이후에는 종교적 명사가 아닌 일상의 언어였던 것입니다.

무아無我가 아니라 공아空我다

무아와 윤회

우리가 지금 접하고 있는 경전의 대부분은 붓다의 가르침을 담은 초기 언어인 산스크리트sanskrit어나 팔리pāli어가 아니라 중국의 한자를 원본으로 하여 번역된 것들입니다. 번역된 아주 최근의 몇몇 경전을 제외하고는 다 그렇습니다.

중국에서 불경이 처음 번역된 것은 기원 직후의 일로 약 2천 년 전입니다. 최초의 번역 경은 '42장경'입니다. 이 시기는 인도에서 불교가 발생한 후 500~700년이라는 긴 시간이 지난 다음입니다. 그리고 중국에 '최초의 불교'가 알려질 때 인도에서는 이미 그 알려진 불교 사상은 사라지고 소위 '대승불교'가 흥기하고 있었습니다.

요즘이야 세계 곳곳에 실시간으로 알려지는 인터넷 등을 통해 천안통天眼通과 천이통天耳通이 실현되었지만, 당시로서는 육로나 해로로 운송되는 방법밖에 없었으니 정말 어려운 일이었을 것입니다. 더욱이 사상이란 일반화되어야 '수출'이 가능한데, 그런 면에서 보더라도 사상의 수출입은 여러 여건이 맞아야 가능했을 것입니다.

어쨌든 인도에서는 이미 대승사상으로 발전해 버린 불교가 중국에 처음 수입이 되자 현실적으로 예기치 못한 상황이 벌어졌습니다. 즉, 불교를 표현할 마땅한 단어가 중국에 없었던 것입니다. 그 당시 중국에는 이미 노자와 장자 사상이 충분히 펼쳐져 있었습니다. 물론 유교도 성행했지만 유교는 노장老莊사상만큼 '불교적'이지 않아서 노장사상에 불교를 담아 표현해 낼 수밖에 없었습니다. 이렇게 노장의 틀을 빌려 표현한 불교를 격의格儀불교라 합니다.

무위無爲 같은 말도 실은 도가道家의 용어이지 불교의 용어는 아닙니다. 그리고 보니 도道라는 말도 그렇습니다. 차라리 우리말 '깨달음' 혹은 '깨침'이 언어적으로 더 정확할지도 모릅니다. 이런 격의불교는 중국에서 불교가 사상적으로 독립된 대우를 받을 때까지 계속되는데, 제가 얼핏 추측해 보니 아무리 적게 잡아도 600년 이상은 지속된 것 같습니다. 근거를 대보겠습니다.

공空사상을 설명한 경전을 모아놓은 것을 '반야부' 경전이라 하는데, 대표적인 것으로 여러분도 즐겨 독송하는 금강경과 반야심경이 있습니다. 그런데 금강경에는 공空이라는 단어가 단 한 번도 등장하질 않습니다. 무無와 비非자를 사용하지만 결국은 공空을 설명하고 있거든요. 하나만 예로 들면 "불법佛法은 즉 비불법非佛法이요, 이름만 불법이니라"라는 식으로 표현합니다.

금강경의 구성은 동진東晋 때의 도안道安(314~385)이 서분序分, 정종분正宗分, 유통분流通分으로 구분하고[이 구분은 실은 모든 경전에 적용됨], 그 유명한 달마와의 대화인 '공덕이 얼마나 됩니까?', '없다'의 주인공 양무제의 아들인 소명 태자(501~531)가 처음 32분分으로 나눈 것이 현재에 전해져 온 것입니다.

저는 소명 태자의 32분으로 나눈 방법이 금강경의 뜻을 파악하는 데 최선은 아니라고 생각합니다. 특히 후반으로 갈수록 더 아쉬움이 남습니다. 제 다음 작업은 금강경을 소명 태자의 것보다 더 멋지게 분별分別하는 일이 될 것입니다.

여기에서 확인되는 것은 불법의 대가인 소명 태자도 공空이라는 단어를 쓰지 못했다는 사실인데, 이는 전적으로 소명 태자의 탓이 아니라, 그 당시로서는 전혀 새로운 개념에 대한 '대체어'를 찾을 수 없었기 때문입니다. 그 대체어란 일반인들도 쉽게 알아들을 수준으로 널리 알려져 있어야 한다는 조건에 부합되어야 했을 것입니다.

요즘 유행인 '올레길', '힐링'이라는 단어가 몇 백 년 후에도 살아남을 정도로 보편화될지는 의문입니다. 설령 보편화가 되어도 '아가씨'처럼 고유의 뜻이 변질된 경우라도 사용이 불가합니다. 게다가 귀중한 경전을 번역하는 데 신조어를 쓸 수는 없었을 것입니다.

정리하면, 중국에 불교가 들어와 금강경까지 유통되는 성과는 있었지만, 소명 태자 시대(530년대)까지도 불교의 공空이라는 개념을 공으로 표현할 수 없었다는 말입니다.

그로부터 다시 150여 년이 지난 652년 드디어 역사적인 사건이 발생합니다. 당唐의 현장 법사가 서역 즉 지금의 인도 대륙에서 불상과 경전을 가지고 652년에 귀국하게 됩니다.

현장의 위대함은 그가 지금으로 치면 '단독 무산소 에베레스트 등정'에 비견되는, 실크로드를 통한 서역 왕래에만 있는 것이 아니라, 구해 온 엄청난 범어 경전을 한역한 공로에 있습니다. 그의 서역행을 소재로 〈서유기西遊記〉라는 이야기가 창작될 만하다는 것입니다. 지금 우리가 지송하는 한문 반야심경도 바로 현장이 한자로 번역한 것입니다. 이때 비로소 등장하는 단어가 공空인 것입니다.

"색즉시공空 공空즉시색……", 그런데 아직도 미진한지 현장도 공空만 쓰질 못하고, '無無明 亦無……' 즉, '무명도 없고, 무명이 없음도 없고'라고 이중 부정을 병행해 개념을 정립해 나갑니다. 그런데 이런 식이라면 공空 한 글자면 될 것을 '…없음도 없고' 하니, 있는 것도 아니고 없는 것도 아니라는 말이 되는데, 실은 '없음의 없음도 없고…' 또, '없음의 없음의 없음도 없고…', '없음의 없음의 없음도 없고 역시나 없고…'가 한없이 반복되어야 한다는 개념상의 어려움이 발생하게 됩니다.

금강경 한역의 격의불교 한계에 대한 언급이 길어졌지만, 실제 하고 싶은 말은 다음 몇 줄입니다.

무아無我인데 어떻게 윤회輪廻하는가는 논쟁 자체가 성립될 수 없습니다. 무리하게 무아無我를 놔두고 윤회輪廻를 설명하자니 궁색하기 짝이 없는 것입니다. 여기에서의 무아無我는 격의불교 때 잠시 빌려서 쓴 용어이니 이제는 폐기되어야 할 단어입니다.

앞으로는 무아의 대체어로 '공아空我'를 사용한다면, 몇 세대가 지난 후에는 불교의 무아는 '없다'는 뜻이 아니다라는 설명에 진을 빼야 하는 번거로움은 없어질 것이라 여겨집니다.

윤회를 바로 보라
힌두교적 윤회는 없다

저는 팔만대장경에 수록된 경전은 거의 다 읽었습니다. 선별하여 우선순위를 두지 않고 한글대장경을 1권부터 시작하여 무조건 다 읽었습니다. 그러고 나니 허탈감이 성취감보다 더 무겁게 저를 괴롭혔습니다.

정작 붓다의 말씀은 이것저것 가감된 것을 추려내면 생각보다 방대하지 않았습니다. 논사論師나 조사祖師의 말들은 부파시대의 논사들과 형식적인 접근 논리로 관찰하면 나을 것이 없다고 느껴졌습니다. 그들은 그들이 느끼고 확인한 불교를 말하는 것이지, 붓다의 속내를 알고 어느 누구도 비판할 수 없는 당위성을 갖춘 것은 아니었습니다.

이후로 제 관점은 베다나 바라문교에서 답을 줄 수 없는 부분을 붓다께서 발견하시어, 최고의 당위성을 인정받으셨듯이 2,500여 년 전에 전래된 한국의 불교를 '붓다께서 베다véda 보듯이' 점검을 하였습니다. 핵심적인 한 가지만 이런 '당위성' 확보를 전제로 말씀드려 보겠습니다.

저는 붓다께서 한국불교에서 말하는 힌두교적 윤회를 부정하셨다고 주장합니다. 대단히 전향적인 발상일 것입니다. 그러나 이렇게 분석을 해 보십시다.

'윤회가 있다'고 믿는 것과 '윤회는 없다'는 것이 대립할 때, 어느쪽이 당위성을 확보하는 데 더 보편적이냐가 고려되어야 합니다. 기독교 같은 유일신에 대한 믿음이 모든 문제를 해결하는 '만능열쇠'가 불행하게도 불교에는 없습니다.

그러니 인간의 모든 지적 통찰과 시대에 확정된 부정할 수 없는 드러난 현상과 사실을 모조리 동원해서 당위성을 확보해야 합니다. 그중 가장 강력하고 객관적인 타당성을 인정할 수 있는 것은 과학뿐입니다. 과학도 중력과 전자기력 등과 같이 작동하는 우주의 실체로 누구도 반대할 수 없는 그런 인증된 과학이라야 합니다.

예를 들어 몸무게가 더 나간다면 농담으로 "내가 비만해진 것이 아니라, 중력이 좀 더 강하게 내 육체를 잡아당기고 있다"라고 해도, 이 말을 거짓말이라고 말하는 사람이 있다면, 그 사람이 지구의 남반부에 있다면 머리부터 허공으로 떨어져 버릴 겁니다.

윤회가 실재하는 세계라는 당위성을 확보하려면, 붓다의 시대에는 상상도 할 수 없는 존재에 대한 불일치에 대해 합리적인 답변을 내 놓아야 할 것입니다.

몇 개의 질문을 만들어 볼까요?

윤회는 6가지의 세계로 나눠지는데, 이것을 붓다가 나누었다는 근거가 있는 것일까요?

그리고 어째서 지금은 5가지도, 7가지도 아닌, 6가지라고 딱 잘라 분류를 하는 것일까요?

거의 1만 년 전인 구석기 · 신석기 시대의 사람들도 인간인데, 윤회에 해당되는 것일까요?

미래에 외계인이 발견되거나, 외계 축생이 발견된다면 그들에게도 이미 윤회가 적용되고 있는 것일까요?

대승불교에서는 선악의 구별에 옳고 그른 마음(是非心)을 내지 말라고 하는데, 윤회의 과보를 받는 선과 악의 기준은 무엇일까요?

지옥과 천상의 세계는 관념의 세계가 아닌 실재實在여야 윤회에 합치되는데, 실재한다는 사실을 어떻게 입증해야 하나요?

지구상에 인간이 출현한 것은 불과 200만 년 전인데, 그 전에 지구에 살던 공룡 등 동물도 윤회의 적용을 받은 것일까요?

지구의 인구는 엄청나게 증가하는데, 지구의 축생들이 선한 업을 지어 인간이 증가하는 것인가, 아니면 천상의 사람들이 복덕이 다해 인간으로 태어나는 것일까요?

동물들이 어떤 행위로 복덕을 쌓아야 인간으로 신분을 도약할 수 있는 것입니까?

(여러분 곁에 있는 애완견은 분명히 여러분을 즐겁게 하는 복을 짓고 있으니 제외합시다.)

그러나 복제된 동물은 어떻게 윤회의 틀 속에 들여보내야 합니까?

지옥은 갈기갈기 찢어진 고통을 육체에 주고 나서, 다시 깜짝할 사이에 복원을 시키는데, 그런 신묘한 기술을 복 짓고 사는 인간에게 주지 않고, 축생보다 못한 인간들을 혼내는 데 사용하는 것은 '지옥 갈 일' 아닌가요? 등등….

여러분은 능히 이런 의문을 만들 수 있고, 또 아시는 스님들께 답을 요구할 자격이 있습니다. '윤회는 없다'면 질문 자체가 성립될 수 없는 사안에 대해, 바라문의 사소한 행태에도 당위성과 질책을 하신 붓다께서 단지 오래 되었다는 이유로 윤회를 인정하셨을 개연성은 눈곱만큼도 없습니다. 붓다의 가르침의 요체인 삼법인三法印과 사성제四聖諦에 윤회가 들어갈 자리가 있습니까?

윤회의 개념을 생명체의 연속성과 재생에 한정시킬 것이 아니라, 죽음을 맞아 육체를 화장하고, 화장 후 남은 재를 나무 밑에 뿌리고, 그 나무의 열매를 사람들이 먹게 되고, 새들도 먹게 되고… 결국 질량보존의 법칙대로 내 육체의 질량과 에너지만큼은 우주에 윤회되는, 이렇게 이러한 윤회를 설명하면 무엇이 문제가 되는지 정말 모르겠습니다.

진화해야지 오염되어서는 안 된다

업과 윤회의 논리

불자라면 그 의미가 너무나도 심각하게 들리는 업(karma)은 불교가 만들어 낸 용어가 아니라, 수 천 년 동안 인도사상을 지배한 핵심적인 단어라 해도 과언이 아닙니다. 윤회(saṃsāra) 또한 업과 더불어 같은 위력을 갖고 있는 단어입니다.

그런데, 환생으로 요약될 수 있는 윤회사상은 생각보다 뿌리가 깊습니다. 베다시대의 인도대륙뿐만 아니라 그 북쪽 지역 넓게, 심지어 유럽에 이르기까지 이미 고대 문명의 흔적 속에 환생의 개념은 널리 퍼져 있었습니다.

고대 이집트의 피라미드와 미라도 결국은 환생을 염두에 둔 것이라는 데 이견이 없습니다. 심지어는 초기 기독교에서도 윤회를 종교적으로 수용하고 있었다는 견해가 설득력을 얻고 있습니다. 헬레니즘시대(기원전 330년대)의 기독교 종파인 그노시스파(Gnosticism) 등에서 윤회를 정식 교리로 이해했다고 하는데, 역시 구원 사상과의 불화로 4세기 로마 황제 콘스탄티누스가 기독교를 공인하면서 성서 속에 실려 있던 윤회에 대한 언급들을 삭제하기로 결정했으며, 이후 니케아Nicaea에서 열린 공의회 이후 모든 복음서에서 환생에 대한 내용을 완전히 삭제해 버렸다고 합니다. 이 사실에 대한 연구는 꽤 진전되어 있습니다.

이렇듯 환생을 뜻하는 윤회는 고대의 사후문제에 대한 비교적 보편적 사상의 하나였습니다.

윤회를 가정하면 현생의 앞과 뒤로 전생과 내생이 뒤따르게 되고, 다시 윤회의 원동력이 되는 업이라는 실체를 인정하지 않을 수 없습니다.

이제부터가 어렵습니다. 이 책이 탐구하고자 하는 목표인 붓다 가르침의 바른 해석과 종교로서 불교의 정체성에 직결되는 문제이기도 합니다.

그리고 이 책에서 다루는 모든 주제에 내재되어 있는 문제의식의 기조이기도 합니다. 어떤 논쟁이든 '주장'을 하는 논리에 대한 증명과 설득의 책임은 주장을 하는 쪽에 있지, 납득하지 못하는 상대에게 책임을 전가해서는 안 됩니다.

무슨 말이냐 하면, UFO의 존재에 대한 증명은 그것을 믿는 사람에게 있듯이, 윤회전생輪廻轉生을 주장하는 쪽이 확신을 유보하는 사람에게 윤회의 실재를 내 보여야 이치에 맞는다는 말입니다. 마치 불교가 기독교에 창조주 신에 대해 증명하라고 요구할 수 있듯이 말입니다.

그렇지 않고 '사실이니 믿어라'라는 식의 신앙적인 믿음에 호소를 한다면, 깨달음을 추구하는 불교 역시 무조건 신앙성만 강요하는 다른 종교들과 다를 바가 없게 됩니다. 단도직입적으로 말해 붓다께서는 우주와 일체 존재에 대한 보편적 진리인 연기를 깨달으시고 그것을 중생들에게 일깨워 주신 것이지, 윤회가 절대적 진리이니 그 사실만은 '의심하면 안 된다'라고 강조하시기 위해 고귀한 삶을 바치신 것은 아니라는 말입니다.

더욱 붓다께서 질문에 침묵하신 12무기無記를 분석하면, 영혼과 사후의 세계에 대한 질문에 '있다'라는 답을 하시지 않은 것이 분명하지 않습니까?

그럼, 지금의 불교는 업과 윤회에 있어, 왜 '이 지경'이 되었나 하는 의문을 조금이나마 해소하고자 이토록 동분서주하는 것입니다. 칼 융에게 물어본다면 고대로부터 환생에 대한 집단 무의식에 빠진 결과라고 답해 줄지도 모르겠습니다.

제 주장의 요체는 붓다의 윤회관은 달랐다는 것입니다. 이 사실을 뒷받침하기 위해 불교(Buddhism)와 자이나교(Jainism)의 차이를 밝히는 방법을 선택했습니다.

한국불교의 누구도 불교를 자이나교나 힌두교와 다르게 해석하는 데 노력을 기울이지 않았습니다. 이제 우리는 불교의 업과 윤회는 물론 현재의 불교가 얼마나 다양하고 심각하게 오염되었는지를 실감해야 합니다.

자이나교와의 비교를 통해 불교의 정체성을 찾다

어떤 이는 "신앙도 변할 수 있다"라고 주장할 것입니다. 그 말이 틀리지는 않습니다. 부파불교를 넘어 대승불교를 개시한 것도 '변한 것'일 수 있습니다. 그러나 대승불교 역시 붓다의 바른 가르침을 찾아간 '진화'이지, 지금의 한국불교처럼 힌두교에 더 가깝게 오염되는 것을 '신앙의 변화'라고 받아줄 수는 없습니다.

자이나교와의 비교를 통해 불교의 정체성에 접근하려는 것은 나름대로 이유가 있습니다. 자이나교는 근세에 서양학자들도 불교와 구별하지 못할 정도로 불교와 쌍둥이와 같은 사상과 틀을 갖추고 있는 종교입니다.

앞서 제가 빔비사라 왕이 자이나교의 교주가 아닌 코살라 출신의 붓다를 후원하기로 한 것은 매우 특별한 사건이라고 말씀드렸습니다. 그렇듯이 자이나교의 창시자인 '지나' 역시 반바라문을 표방하며 출가주의를 지향한 신흥 사상가였으며, 붓다와 사상은 물론 생몰 연대까지도 거의 비슷합니다.

서양인들이 동양의 한국인과 일본인, 중국인을 구별하기란 매우 어려운 일일 겁니다. 우리가 미국인과 영국인, 유럽인을 명확히 구별하기 힘든 것과 유사합니다. 불교와 자이나교는 이런 구별 이상으로 차이를 느끼기 아주 힘든 종교입니다. 그렇기 때문에 역설적으로 불교와 자이나교의 차이를 분명히 알 수 있다면, 불교의 정체성을 단박에 알 수 있게 됩니다.

그동안 제가 찾아 검토한 자료 중 아래의 것보다, 두 종교를 명석하게 분석한 책이나 논문이 없습니다. 전문적인 글이기에 딱딱하지만 차분히 보시면 이해하기 쉽도록 제가 주註를 달았습니다. 충북대 정세근 교수의 『윤회와 반윤회』(도서출판 개신) 중 해당 부분만 추렸습니다.

석존의 시대뿐만 아니라 오늘날까지도 그 둘(불교와 자이나교)은 이론상·실천상 유사성을 떨쳐버리지 못한다. 그 둘에게 모두 세계는 고통스럽고 우리는 업을 소멸해야 한다. 그들도 불교도처럼 108염주를 돌린다. 그 둘은 오늘날의 많은 연구에 의해 각기 독립적인 것으로 정립되고 있지만, 불살생, 업 그리고 열반 등의 이론상의 비슷함에 대해서는 아직도 많은 연구를 기다리고 있다. 불교를 이야기하면서 자이나교와의 유사성을 말하는 까닭이 여기에 있다.

불교는 자이나교의 무엇이 불만족스러웠을까? 마찬가지로 자이나교는 불교의 무엇이 만족스럽지 않았을까? 칼 바르트Karl Barth가 말하듯이 이론적인 체계화 면에서 훨씬 정교하다면 불교가 자이나교에 앞서고, 콜브룩Colebrooke이 말하듯이 영혼을 인정한다는 점을 부각한다면 자이나교가 불교에 앞선다.

여기서 나는 서술의 편의상 자이나교를 불교에 앞세웠다.

티르탕카라(필자 주: 자이나교에서 영적인 깨달음에 도달한 자)를 일컬으면서 자신들의 종주宗主를 지나치게 앞세운다는 점이 오히려 자이나교의 이론화가 불교보다 뒤늦을 것이라는 추측을 하게 하지만, 불경에서 니간타를 말함은 이미 그들이 불교에 앞서거나 뒤서거나 하면서 체계화를 갖추고 있음을 보여준다. 〔필자 주: "마하나마여, 내가 전에 라자가하에서 고행을 닦고 있는 니간타 수행자들을 만났었다. 그들은 몸을 극도로 괴롭게 하는 고행을 통해 과거의 업을 소멸시키고 말과 행위와 생각을 조심스럽게 하여 미래의 업을 짓지 않아 번뇌를 소멸시킬 수 있다는 견해를 가지고 있었다." 아함경에 있는 대목 중 한 단락입니다. 붓다께서 자이나교 교주 니간타를 직접 거론하신 것인데, 이외에도 자이나교를 고행주의자들이라고 비난하는 장면들이 경전에는 꽤 자주 등장합니다. 불교 쪽에서는 자이나교를 외도라고 하며 경계시한 것은 분명합니다.〕따라서 우리가 물어야 할 것은 그 두 종교 간의 차이점이다. 그 차이점으로 불교 이론의 독자성을 말할 필요가 있다.

하나 더 욕심을 내서, 자이나교와 상키야Sāmkhya 학파〔필자 주: 인도의 육파철학 중 가장 먼저 성립된 학파로, 붓다 입멸 직후인 기원전 3~4세기에 형성. 정신과 물질의 이원론을 주장했다 합니다〕의 차이, 불교와 상키야 학파의 차이가 자이나교와 불교의 차이와 더불어 밝혀진다면 불교가 훨씬 더 분명한 제 모습을 드러낼 수 있을 것이다.

셋 다 무신론적이지만, 자이나교는 영혼에, 불교는 연기에, 상키야는 무가 아닌 유에 더욱 관심을 기울인다. 라다크리슈난〔필자 주: Radhakrishnan, 1888~1975, 인도의 철학자이며 정치가로 인도 대통령까지 지냈습니다〕은 "업과 윤회의 문제에서 보이는 불교와 자이나교 간의 유사성은 큰 의미가 없다"고 한다. 왜냐하면 그것은 인도의 모든 철학에서 공통적이기 때문이다.

그러나 그렇게 보면 인도의 종교 사상들이 다를 바가 없이 대동소이하게 되기 쉽다. 인도철학으로부터 불교를 구해 내려는 시도도 무의미해지고 만다. 자이나교와의 차별성에서 불교의 독자성을 찾아내는 것도 불가능해진다. 인도의 많은 경전이 그러하듯이, 자이나교와 불교는 구별되어 왔고 오늘날도 불교도와 자이나교도는 구별된다.

첫째, 자이나교는 물질과 구별되는 영혼·순수성·불멸성을 말하지만, 불교는 영혼의 부재를 말한다. 자이나교는 이원론에 충실하다. 그것은 영혼을 비영혼과 구별하려는 의도에서 비롯된다. 비영혼의 것들이 영혼을 구속한다. 그들에 따르면 업도 물질적인 것이라서 우리의 영혼에 미세하게 달라붙는다.

우리의 몸도 그래서 업신業身 곧 업 덩어리이다. 업의 최소화가 우리의 지상명령이고 그를 달성하기 위해 불살생의 원칙을 지킨다. 업을 짓지 않고 영혼의 순수함을 이루었을 때 그는 승자로서 자이나교의 숭배대상이 된다. 〔필자 주: 자이나교의 업과 영혼에 대한 설명인데, "우리의 몸도 그래서 업신 곧 업 덩어리이다." 이 말은 현재 스님들이 하는 내용과 똑같지 않습니까?〕

그러나 불교는 영혼을 말하지 않는다. 영혼이란 자아의 불멸성을 말하는 것이다. 자아는 고정적이지 않은 변화 속의 것이다. 만물과 마찬가지로 나도 일정함이 없이 흐른다. 항상성도 없고 고정성도 없다. 무아無我를 바탕으로 삶도 삶의 원칙도 무상無常하고 무주無住하다. 불교에서 영혼이 없음은 정신의 부재를 가리키는 것이 결코 아니다. 살아 있는 나도 정체성이 없는데, 죽은 내가 정체성이 있을 리 없다.

자이나교는 영혼의 해탈을 위해서 철저한 이원론을 제시했다. 그러나 불교는 후기로 갈수록 정신과 물질의 연관성에 집중하여 '마음'의 일원론을 제기한다. 물건은 내 정신을 흔들리게 하지만, 나의 정신은 물욕을 참아내게 만든다. 그 사이에 마음이 있고, 그것은 정신과 물질을 통틀어 가장 근본적인 요소이다. 〔필자 주: 이것이 바로 붓다의 가르침입니다.〕

둘째, 자이나교는 원자론적 사고를 갖는 반면, 불교는 그러한 물질을 운동의 중심으로 보는 실체관에 인색하다. 이원론적인 사고는 여느 철학과 마찬가지로 그 둘의 관계 설정이 가장 큰 문제로 제기된다. 자이나교는 원자가 미세하게 달라붙는다는 설정으로 영혼과 비영혼의 교섭을 설정한다. 그 원자는 오늘날처럼 다원적이지 않고 일원적(정확히는 단원적)이기에 데모크리토스적이지 않고 라이프니츠적이다. 〔필자 주: 데모크리토스적 이원론은 물질과 정신을 확연히 구별하는 이원론이고, 라이프니츠적이라는 의미는 정신과 물질, 선과 악의 대결이 아닌 조화와 합일을 지향하는 사유라는 뜻입니다.〕

거꾸로 그 원자는 관념적이지 않고 물질세계의 근본이기 때문에 라이프니츠적이지 않고 레우키포스적이다. 한마디로 자이나교의 원질은 단일 형태의 물질적 원자로, 소재素材는 그리스적 원자론을 닮았고 기능과 역할은 독일의 관념론을 닮았다. 〔필자 주: 참 복잡한 말입니다. 결국 자이나교의 업을 이루는 단위인 물질의 성격이 현대의 양자론적이지 않고, 크기는 알 수 없지만 알갱이가 실체하듯 존재하지만, 그것이 업으로 작용하는 메커니즘에 대해서는 사실적이 아니라, 인식만으로 파악할 수 있다는 관념론에 따르는 자이나교의 이원론의 모순을 설명하려는 것입니다.〕

불교에서 물질을 과연 세계의 근원으로 보는가? 불교도 인도의 전통에서 세계의 요소로 지·수·화·풍을 말하고 그것에 기반한 감각에 대한 이론을 전개하지만, 물질로서의 실재에 대한 관심은 자이나교에 비해 훨씬 떨어진다. 그것이 바로 실체(dravya)에 대한 이해 방식의 차이이다.

자이나교를 위시해서, 바이셰시카Vaiśeṣika(인도 육파철학의 하나) 학파와 차르바카Carvaka(인도의 대표적 유물론자) 학파는 모두 실체를 중시했다. 그 실체는 물건들(things)로서, 서구 형이상학에서 말하는 본질(essence)의 의미와 매우 다르다. 서양철학에서 실체는 플라톤 이후 본질적인 것이라서 현상적이지 않다.

그러나 인도인들이 말하는 실체는 그야말로 우리의 감각에 주어진 그런 것들이다. 불교는 물질의 근원이 서로 기대어 만들어지기 때문에 무아無我라 하고, 이 물질이 저 물질로 변화하기 때문에 무상無常하다고 한다. 만들어지고 이어나가고 무너지고 없어지는 것, 전통적인 용법에서 말하는 '성주괴공成住壞空'이 물질의 본질이다. 따라서 실체에 대한 관심보다는 그것을 받아들이는 우리의 감수感受체계에 더욱 관심이 많다. 이른바 '오온(사람을 이루는 다섯 가지 혼성물)'이 그것으로 물질의 세계인 색色과 우리의 인식작용인 명名이라는 대별大別 아래, 명을 다시 수受·상想·행行·식識으로 분류한다.

이렇듯 불교는 사람 쪽으로 와서 분석하길 좋아하며, 급기야 현상 세계 그 자체를 오온으로 일컫기도 한다. 우리 식으로 번역하면 감각, 지각, 구성, 의식에 해당된다. 〔필자 주: 반야심경에서는 "관자재보살이 오온을 모두 공하다고 관찰하여 일체의 고액에서 벗어난다"는 이 내용을 아예 시작으로 삼고 있습니다.〕

여기에 외재물이 자리할 구석은 많지 않다. 자이나교는 업을 만드는 물질에 신경을 많이 쓰지만, 불교는 사물에 항상성이 없기 때문에 그것을 받아들이는 감관 작용에 더욱 관심을 쏟는 것이다.

오온이라는 표현 자체는 감각적 유물론의 영향이 강하지만, 불교가 후대로 갈수록 물질론과 거리를 두면서 오온은 현상세계 전체를 의미하게 된다. 이를테면, 불교 해석학으로서의 아비달마 학파에 따르면, 오온 가운데 식이 '마음의 왕(心王)'으로서 세계 이해의 중심에 서고 나머지 셋인 수·상·행은 '마음에 딸린 것(심소心所 또는 심소유心所有; belongings)'으로 설명된다. 〔필자 주: 아비달마 학파란 부파불교를 말하는데 그 중에서 '설일체유부'의 이론을 계승한 세친의 구사론이 이 문제를 다룬 최초의 논서입니다.〕

셋째, 자이나교는 윤회를 말하면서 그것에서 벗어나는 방도로서 실천적 행위의 중요성을 부각하지만, 불교는 연기를 말함으로써 신에 의해 결정된 윤회가 아닌 인간 행위의 윤리적 인과성을 강조한다. 인도 사유 가운데 가장 '윤리적'인 학파는 자이나교와 불교를 꼽을 수 있다.

여기서 '윤리적'이라 함은 인간의 도덕적 행위로 인간과 세계를 변화시킬 수 있다는 믿음이다. 신이 개입하지 않고도 인간 스스로 윤리적 상황을 창조하며, 개혁하고, 실현한다. 선악의 규율을 정하고 그 기준에 따라 행동함으로써 인간으로서 범하는 죄악을 씻고 마침내 삶의 질곡에서 해방된다. 여기까지는 자이나교와 불교가 같다.

그러나 자이나교도는 전통종교 사상의 하나인 윤회를 받아들이지만, 불교는 그 윤회를 연기라는 인과율로 재해석한다. 자이나교도에게 윤회는 신이 개입되지 않는 자연의 진정한 모습으로, 일종의 자연법칙과도 유사하다. 영혼은 무수히 많고 무한한 공간을 점유하기 때문에 돌고 또 돌며, 사람으로 태어나는 것도 보통 행운이 아니다. 그러나 나의 윤회에 절대자가 개입하는 것은 아니다.

윤회라는 영혼의 현상이 있고 내가 쌓은 업에 의해 윤회가 결정될 뿐이다. 윤회는 사실이지 신앙의 대상이 아니다. 내가 수행함으로써 나는 윤회에서 벗어날 수도, 벗어나지 못할 수도 있다. 〔필자 주: 출·재가를 막론하고 한국불교는 윤회에서 벗어날 가능성이 엿보이는, 정통 자이나교의 윤회나 업의 무덤에서 탈출조차 못하고 있습니다. 그러니, 어느 세월에 윤회를 연기로 포섭해 진정한 붓다의 가르침에 다가설 수 있겠습니까?〕

그런데 불교는 윤회조차 받아들일 수 없다. 영혼이 없고, 나의 정체성도 없는데, 어떻게 윤회할 수 있는가? 한마디로 윤회의 주체가 없다는 것이다. 그러면 세계의 온갖 현상을 윤회가 아닌 다른 어떤 것으로 설명할 수 있는가? 나의 고통과 부조리는 어디에서 왔는가? 내가 없으니 업이 쌓일 곳도 없고, 업이 쌓이더라도 없앨 수도 없지 않는가?

불교는 모든 것은 연기에 의해 이루어진다고 설명한다. 연기는 업의 완전한 도덕적 이해를 가능하게 해 준다. 나도, 나의 고통도, 나의 미래도 업의 흐름 속에서 이루어지고 있다. 나는 나와 나를 둘러싸고 있는 모든 것이며, 나의 고통은 내가 알게 모르게 저지르고 있는 행위의 결과물이고, 나의 미래는 결국 이런 모든 것들이 합쳐져 이루어진다.

이 때 카르마karma(業)는 인간적 행위에 다름 아니다. 만물에 대한, 사회에 대한, 자기에 대한 행위의 쌓임, 곧 성업成業이고 패업敗業이며 총괄적인 업적業績이다.

자이나교에서 업은 신의 손으로부터 떠났지만 윤회의 신화를 벗어나진 못했다. 그러나 불교의 업은 초인격적이고 초자연적인 굴레도 없다. 인간과 사회의 굴레만이 윤리적 주체를 중심으로 남을 뿐이다. 불교는 이처럼 자이나교와 다른 점이 확연히 있다. 불교는 영혼의 불멸을 믿지도 않고, 세계가 물질적 원자로 이루어져 있다고도 믿지 않고, 윤회가 신에 의해서 주어진다고 믿지도 않는다.

자이나교는 물질과 대비되는 영혼이 있기 때문에 영혼이 떠돌다 돌아갈 물질세계를 상정했다. 죽으면 영혼으로 남고, 그 영혼은 그곳에서만 노는 것이 아니라 이 세계로 다시 태어나며, 영혼이 덕업德業 또는 죄업 덕분에 어떤 세상으로 환생할 것인지 결정되며, 그런 윤회에서 벗어나기 위해서 우리 영혼에서 물질적 카르마를 없애기 위해 수행하며, 마침내 그것이 이루어졌을 때 우리는 윤회에서 벗어나기 위해서 우리 영혼에서 물질적 카르마를 없애기 위해 수행하며, 마침내 그것이 이루어졌을 때 우리는 윤회에서 벗어나서 해탈한다.

영혼이 있기 때문에 그 영혼이 갈 곳을 찾는 것은 추론의 과정상 자연스러워 보인다. 보통의 영혼은 돌고 돌지만, 수행을 통해 업을 모두 떼어내면 드디어 윤회에서 벗어나 해방을 얻는다. 〔필자 주: 이 내용은 현재 우리가 알고 있는 불교 교리를 설명하는 게 아니라, 바로 자이나교의 교리라는 점을 상기하여야 합니다.〕

그러나 불교는 영혼을 부정하면서도 불변하는 물질적 실체도 긍정하지 않았다. 이 세계로 돌아왔으면서도 이 세계 속 사물의 영속적인 실체성을 부인한 것이다. 신이 세계를 창조하지도 않았고, 인간은 숙명에 의해 결정되지도 않았다. 자아도, 실체도, 업도 연기에 의한 것이므로 허구이다―차후에 개념화된 용어로 하자면, 공空하다. 아울러, 실천적인 면에서, 자이나교는 혹독한 고행과 철저한 살생금지를 제안하지만, 불교는 고행이 반드시 깨달음을 가져다 줄 것이라고 믿지도 않았고, 내가 죽이거나 나를 위해 죽이지 않은 고기는 먹어도 된다고 생각했다.

불교는 자이나교처럼 원칙적이기보다는 상황을 이해하려 했다. 남의 제사상에 "감 놔라, 대추 놔라" 할 수 없는 것처럼, 얻어먹는 탁발승이 "고기를 넣어라, 빼라" 할 수 없다는 것이다. 〔필자 주: 실제로 붓다께서도 그랬지만 현재의 남방불교 스님들은 탁발할 때 육식을 거부하지 않습니다. 다만, 지금은 남방 불교에서도 신도들이 '알아서' 육식을 제한하는 경우는 있습니다.〕

불교와 자이나교는 모두 전통의 술어인 업과 윤회를 받아들였다. 자이나교는 업을 물질화시켰고 윤회에서 신의 역할을 배제시켰다. 여러 학자들이 그랬듯이, 우리가 자이나교를 보면서 불교와 너무 닮았다는 생각을 하게 되는 것이 이런 점이다. 만일 윤회조차 불교가 받아들였다면, 불교는 자이나교와의 정체성 시비에서 자유로워질 수 없을지도 모른다.

역사를 통해 학파 간·인물 간의 차이를 세부적으로 토론해야 할 것이지만, 자이나교와 불교를 단순하게 대립시키면, 이원론 대 일원론, 영혼불멸 대 영혼소멸, 윤회 대 반윤회라는 구조 아래 논의를 진행시킬 수 있을 것이다.

이런 거친 구별은 문제점이 상당히 많다. 그러나 분명히 해 두어야 할 것은, 여기서 불교와 대비되는 것이 결코 중국철학도 아니고, 서양철학도 아니고, 베다나 베단타 철학도 아니고, 유식불교나 대승불교도 아니고, 오직 자이나교라는 점이다. 특히 불교 내부의 이론끼리 비교한다면, 위와 같은 대립구조는 각 학파와 그 비판자들에게 모두 적용될 수 있을지도 모른다.

심하게 말하면, 우리가 만나고 있는 불교의 모습이 외견상으로는 힌두교를 닮고 있고, 내용상으로는 자이나교를 닮고 있음을 직시해야 한다는 것이다. 절마다 만나는 수많은 신상神像은 힌두교를 닮고 있고, 신비하고 신화적인 윤회이론은 자이나교를 닮고 있기 때문이다. 〔필자 주: 이 뼈아픈 지적에 동의할 수 없다면, 처음부터 한 번 더 이 글을 읽어보시길 권합니다.〕

종교라는 것이 시간의 흐름을 따라 서로 교섭하고 변통하는 것이지만, 한국의 불교인들이 불교라는 정체성을 진정 갖고 싶어 한다면 불교와 힌두교나 자이나교의 이론적이고 실천적인 차이에 주목해야만 한다.

위의 논의에서 업을 신의 힘이 아닌 자신의 피와 땀으로 이룬다는 점에서, 자이나교의 윤회에서의 탈출(모크샤moksa; 정신의 해탈을 의미하는 말)을 불교와 마찬가지로 '해탈'이라는 용어로 쓴 것도 그들의 유사함 때문이었다. 우리가 아는 해탈이란 자신의 공력으로 이루는 것이기 때문에, 자이나교와 불교에 똑같이 적용될 필요가 있었다.

다른 종파에서의 그것은 넓은 의미에서 해방(liberation), 방면(release), 구원(relief)으로 쓸 수 있지만, 불교와 자이나교의 그것만은 인간에 의한, 인간을 위한, 인간의 것이기 때문에 해탈이라고 부르는 것이 옳아 보였다.

불교는 인격신의 요소를 없애고 업과 윤회를 설명해 낸 자이나교의 이론을 공유하고 있다. 그러나 만일 불교가 영혼설과 윤회의 문제에 있어 자이나교와 같다면 문제는 심각해진다. 한마디로, 영혼과 윤회를 말하는 불교는 자이나교와 다르지 않게 되고 만다.

티베트의 정치, 종교 수장인 달라이 라마는 환생에 대한 많은 시험을 통과해야 인정을 받습니다. 현재 인도에 망명 중인 달라이 라마도 예외가 아니었습니다. 그럼에도 그는 자신이 곧 환생과 윤회를 증명한다고 말한 적이 단 한 번도 없습니다.

최근의 대담을 보면 윤회에 대해 다른 생각을 하는 것이, 비불교적이라고 단정 지을 수는 없을 것 같다는 의견을 조심스럽게 말하고 있습니다.

바티칸은 거의 모든 학문에 특정 수사와 신부들을 수학시키고 있습니다. 목적은 교회의 논리를 방어하기 위함입니다. 심지어 천문대도 운영하고 있습니다. 〈지적 설계론〉 같은 방어 논리가 아무런 노력 없이 하루아침에 이뤄질 수는 없는 것입니다. 기독교는 '방어'와 '선교'를 동시에 해내고 있습니다. 불교는 본래 '자기 것'도 찾지 못하고 있습니다.

다른 사상을 알아야 불교가
제대로 보인다
6사외도와 불법

우선 불교에서 말하는 6사외도를 살펴보겠습니다.

첫째, 푸라나 캇사파Purana kassapa로 도덕부정론자입니다. 그는 선악의 구별도 없고, 선행과 악행의 구별도 없어 어떤 일에 대한 과보도 존재하지 않는다는 주장을 폈습니다. 당연히 인과도 없고 업도 없고, 세상은 우연에 의해 좌우된다고 주장했습니다. (이건 지금 생각해도 대부분 동의하지 않을 겁니다.)

두 번째, 막카리 고사라Makkhali Gosala로 숙명론자입니다. 불교에서는 흔히 사명외도邪命外道로 표현하기도 합니다. 모든 것은 12가지의 구성요소로 이루어져 있다고 주장을 하며, 영혼도 그 구성요소 중의 하나라는 유물론을 말합니다. 그가 숙명론자로 분류되는 까닭은 불교의 인因과 연緣에 의한 과보果報를 철저히 부정하며, 인과 이전에 이미 일체는 결정되어진 대로 갈 뿐이라고 주장하였습니다. 그는 인간이 의지작용으로 이룰 수 있는 것은 하나도 없고, 이미 결정되어진 대로 움직여진다는 의지意志 작용까지 부정한 사상가였습니다. (불교의 업業을 이런 개념으로 인식하는 신도들도 사실상 많습니다.)

세 번째, 아지타 케사캄바리Ajita Kesakambalin로 단멸론적斷滅論的 유물론자입니다. 불교에서도 인정하는 물질의 구성 요소인 사대四大라고 불리는 지地·수水·화火·풍風만이 상주하는 유일한 존재라고 보았습니다. 존재나 삶은 이 지·수·화·풍이 일시 결합하였다 다시 제자리로 흩어지는 것이라고 주장하였습니다. 그러니 영혼이나 사후의 세계, 윤회 등은 인정되지 않았습니다. 현재의 삶이 처음이자 끝이니, 인생을 즐겨라, 과보도 없다는 시원한(?) 주장을 폈습니다. (이런 철학을 알아서가 아니라, 태생적으로 이렇게 사는 사람들이 있습니다.)

네 번째, 파쿠다 캇차야나Pakudha Kaccayana로 칠요소설七要素說론자입니다. 그는 세상과 인간을 구성하는 요소를 지수화풍 4대에, 고락苦樂·생명生命·영혼靈魂의 3가지를 더해 7요소라고 주장했습니다. 따져보면 물질적인 4대 외에 감각이나 느낌 등 정신적인 것(영혼) 3가지를 더한 것입니다. 없어지지 않는 요소라고 주장하는 3가지가 고락·생명·영혼이니, 자연스럽게 나고 죽음이 따로 존재하지 않게 된다는 주장을 하게 됩니다. (대략 이 시대에 서양철학의 시조라 불리는 탈레스Thales가 '만물의 근원은 물'이라고 주장했으니, 당시 인도의 철학과 사상적 수준을 가늠할 수 있습니다.)

다섯 번째, 산자야 벨라티풋타Sanjaya Belatthiputta로 회의론자입니다. 산자야는 사물과 현상의 이해에 100% 부합되는 타당성은 없다고 주장합니다. 설령 그런 논리에 부합되는 진리가 있다 해도, 그것을 이해하고 객관적으로 설명하는 것은 불가능하다고 주장합니다. 그래서, 회의론자 혹은 불가지론不可知論의 사상가라고 말합니다.

이런 산자야의 사상을 '미꾸라지처럼 미끄러워 잡기 어려운 논의'라고 비유하기도 합니다. 산자야는 사후의 세계, 선악의 과보 같은 현재의 불교신도들에게는 너무나 뻔한 사안에 대해서도 답변을 보류했습니다.

여러분은 이런 산자야의 태도를 '이런 무책임한 사람이 어찌 수행자의 대장일 수 있나?'라고 생각할지도 모르겠습니다. 그런데, 정말 그의 결론 없는 결론이 잘못된 것일까요? 사후의 세계에 관한 것은 접어두고, 선악의 과보에 대해 여러분은 현세에 선인선과 악인악과가 실현되고 있다고 확신하십니까? 현재 처한 어떤 상황이 스님들이 말하듯 전생의 과보인지, 내생의 인因으로 작용할지, 아니면 그저 현생에 내가 행한 과거에 대한 결과물일지, 어찌 단정을 할 수 있겠습니까?

이런 실제적인 문제에 대한 근원적 접근은 '우주가 어떻게 형성되었으며, 그 후 150억 년쯤에 어떻게 인간이 만들어지고, 인간의 최초의 생각은 무엇이었을까?'라는 궁극적인 명제로 전개될 수도 있습니다.

지금은 그것을 설명할 때가 아니니, 더 멀리 나가지는 않겠습니다. 다만, 붓다께서 공개적으로 누누이 밝히신 최고의 제자들인 사리불과 목건련이, 바로 산자야의 제자로서 250명을 이끌고 붓다의 가르침에 합류했다는 사실이, 산자야가 그리 녹록한 인물은 아니었다고 여겨지는 근거입니다. 그렇다면, 사리불과 목건련은 산자야에게서 얻을 수 없는 그 무엇을 붓다에게서 발견한 것일까요? 같이 고민해 보시지요.

(신도들에게 평소의 신행信行에 고민거리를 주지 못하는 한국의 불교는, 붓다를 신神으로 숭배하게 조장한 과보를 받아야 합니다.)

여섯 번째, 니간타 나타풋타Nigantha Nataputta라는 자이나 교주입니다. 다시 말씀드리지만, 6사외도란 붓다의 가르침에서 볼 때, 6가지 대표적인 그릇된 견해라는 말입니다. 당시에는 반 바라문주의를 주창하는 자유사상가들이 상당수 출현한 시기였고, 62가지의 견해들 중 대표적인 6가지를 추려 6사외도라 부르는 것입니다. 2,500여 년이 지난 지금에 와서 냉정히 살펴보면, 자이나교를 무조건 외도外道 즉, 사도邪道라고 부르는 것은 적절하지 않습니다. 불교와 마찬가지로 자이나교는 아직도 인도에서는 건재하기 때문입니다.

자이나교의 교리를 설명드릴 테니, 그 교리가 외도가 아닌 독립된 종교로 받아들이시는 것이 옳을 듯합니다. 여기에는 그럴 만한 충분한 이유가 있는데, 자이나 교리를 설명한 후 한국불교의 교리와 비교를 하려는 저의 의도가 있기 때문입니다.

자이나교는 일체의 존재를 영혼, 혹은 생명력을 가진 명아命我와, 그 둘이 전혀 없는 비명아非命我로 분류합니다. 불교에서 유정有情(감각이 있는 존재)과 무정無情(감각이 없는 것)으로 구별하는 것과 같습니다. 그러나 이런 구별이 불교에서는 이원론화까지는 도달하지 않지만,

즉 정신과 육체를 불교에서는 전혀 다른 두 개의 것으로 보지 않지만, 자이나교에서는 명확하게 두 가지로 구별하는 이원론을 주장합니다.

다시 말해, 자이나교 교리로 설명을 하자면, 인간은 정신(jiva)과 육체(ajiva)의 결합이라고 말할 수 있습니다. 그리고 물들지 않은 명아命我(jiva)에 도달하는 것이 수행의 완성인 깨달음이라고 말합니다. 그런데 이 순수한 지바가 업業이라는 '실재'에 더럽혀지거나 발목이 잡혀, 윤회에 말려든다고 말합니다. 곧 업에서 해방되는 것이 윤회에서 벗어나는 유일한 방법이고, 이를 이루기 위해서는 참회와 고행의 수도修道를 아주 엄격히 해야 한다고 주장합니다. 그러니, 자연스레 불살생과 무소유 등의 계율이 매우 철저히 지켜야 할, 업에서 벗어나는 수행법이 될 수밖에 없습니다.

지금도 그들은 불살생의 계를 지키기 위해 물도 미생물을 살리려고 걸러먹고(그렇다고 다 걸러지지는 않겠지만), 무소유를 실천하기 위해서 아예 발가벗은 채로 살아가고 있습니다. 이런 정도라면 불교의 입장에서는 계戒를 지켜야 하는 수준이 아니라, 생활 자체가 일거수일투족 모두 대단히 엄격한 계라고 말할 것입니다. 실제로 불교의 5계는 외형상 자이나교의 5계와 똑같습니다만, 붓다는 고행주의를 반대했고 보시물에 대해서도 상대적으로 관대했습니다. 데바닷다가 붓다께 갖고 있던 불만이 바로 이 수행의 '느슨함'에 대한 반발이었을 가능성이 충분하다고 여겨집니다.

겉은 불교, 속은 자이나교
자이나교와 불교의 업과 윤회

　　고행주의를 고수하는 자이나교는 고행주의로만은 불교와의 차별
화에 별 영향을 주지 못합니다. 그러나 여러분이 확인하신 자이나교
의 업과 윤회에 대한 관념은, 지금의 한국불교의 업과 윤회에 관한
'틀'과 한 치의 다름도 없습니다.

　　혹시라도 제가 의도적으로 자이나교의 업과 윤회를, 그런 방향으
로 설명을 했다는 의구심이 들면 차라리 인간은 달에 갔다 왔어도,
왜 방아 찧는 토끼 사진 한 장 못 찍었을까를 고민하시는 편이 합리
적입니다.

　　그럼, '한국의 불교는 겉으로는 불교를, 속으로는 자이나교를 말
하고 있는 것인가?'라는 의심이 들어야 합니다. 우습게도, 그렇지도
못합니다. 자이나교는 참된 자아인 '지나'를 추구하는 종교이지 외적
인 어떤 것에 의지하거나, 극락과 같은 세계나 보살의 위신력에 의

지하는 타력적인(이 표현은 탄력적으로 이해하셔야 합니다) 힘에 의한 구원 救援을 바라는 교리가 없으니, 현 불교가 자이나교의 짝퉁을 자초하는 것도 아니라는 말씀입니다.

아주 인정하기 싫지만, 또한 승가의 동의를 구하기도 아주 어렵지만, 게다가 재가신도들에게는 아주 불편한 진실이지만, 한국불교의 행태는 힌두교와 거의 일치합니다.

실제로 저만 이런 주장을 하는 것은 아닙니다.

가장 차분하고 반박하기 어려운 논리로 한국불교의 힌두이즘을 개탄한 충북대 정세근 교수의 『윤회와 반윤회』(도서출판 개신)라는 책을 보시길 권합니다. 한국불교가 기복祈福이라는 폐해보다 얼마나 비불교적인지 심각하게 고민해야 합니다. 한국불교의 재가 신도들의 문제는 붓다께서 재가자에게 요구했던 재가 신도들처럼 적극적으로 붓다의 가르침의 진수眞髓를 자기의 것으로 받아들이려는 '의욕'조차 상실해 버렸다는 점입니다. 기도에 의한 소원성취? 그것이 이루어진다면 대학에 모두 합격해야 하고, 기업들은 취업에 성공한 신입 사원들로 인산인해를 이루고, 암으로 죽는 사람이 통계적으로 줄어야 하는데, 이게 가능하겠습니까.

인간을 구성하는 5가지 요소

오온

지·수·화·풍 사대가 불교에서 세계를 구성하는 기본요소라고 규정한 것이라면, 오온五蘊은 인간이라는 한 개체를 구성하는 5가지 요소라고 규정짓는 것이라고 이해해도 무방합니다. 온蘊은 '쌓다', '모여서 이루다'라는 의미가 있습니다. 반야심경에서 여러 차례 반복되어 나오는 용어인 색·수·상·행·식의 다섯 가지가 오온입니다.

첫째, 색온色蘊은 인간을 구성하는 요소 중 물질인 육체를 말하는 것입니다.

둘째, 수온受蘊은 바깥의 경계에 대한 느낌을 몸과 마음으로 인식시키도록 만들기 위한 '받아들임'의 작용을 말하는 것입니다. 덥다, 춥다, 좋다, 나쁘다 등의 감각과 감정이 모두 이 수受의 작용이 있기에 가능합니다. 이 수의 기능에 부분적으로 장애가 생기면 의학적으로는 문제가 발생한 것입니다.

셋째, 상온想蘊은 수의 기능을 통해 느끼는 것을 바탕으로 '어떤 것이다'라는 판단을 하는 것을 말합니다. 그 판단의 옳고 그름은 상온 자체의 책임은 아닙니다.

넷째, 행온行蘊은 수·상을 거쳐 온 판단을 식識에서 최종 정리를 하고 판별을 하게끔 '유지' '전달'하는 작용을 말하는 것입니다. 사실상의 집착은 이 단계에서 형성되기 시작한다고 볼 수 있습니다.

다섯째, 식온識蘊은 수·상·행을 거쳐 최종 인식단계까지 도달한 바깥 경계에 대한 정보들을 바탕으로 결론짓는 최종 단계의 의식을 말하는 것입니다. 여기서의 식 역시 옳고 그름을 정확히 판단해야 하는 기능과는 무관합니다.

여러분도 마음을 차분히 하고, 외부의 어떤 느낌이 색·수·상·행·식을 거치는 과정을 관찰해 보시면 생각보다 쉽게 오온을 구별하실 수 있습니다.

이 오온이 수행에 얼마나 결정적 영향을 미치는가는 반야심경의 시작이, 관자재보살이 오온이 공함을 관찰함으로써 일체의 고난에서 벗어난다(조견오온개공 도일체고액)라는 것만으로도 따로 강조할 필요가 없음을 증명해 주고 있습니다.

이해관계 없이 감각기관을 다스리라

12처 18계

6근根+6경境+6식識=18계界

안근眼根 − 색경色境 − 안식眼識 → 안근이 색경에 부딪쳐 안식을
일으킴

이 − 성 − 이 → 이근이 성경에 부딪쳐 이식을
일으킴

비 − 향 − 비 → 비근이 향경에 부딪쳐 비식을
일으킴

설 − 미 − 설 → 설근이 미경에 부딪쳐 설식을
일으킴

신 − 촉 − 신 → 신근이 촉경에 부딪쳐 신식을
일으킴

의 − 법 − 의 → 의근이 법경에 부딪쳐 의식을
일으킴

12처 18계에 대한 해설은 아주 흔합니다. 너무나도 흔해 때론 해설 자체가 군더더기가 많아 번잡스럽습니다. 그리고 이것이 불법의 핵심인 것처럼 오인하게끔 말하기도 합니다.

그래서 저는 아주 간명하게 풀겠습니다.

우리 몸의 6가지 중요 감각기관을 6근根이라고 부릅니다. 6가지 감각기관에 닿는 바깥 환경(경계)을 6경境이라고 합니다. 6가지 감각기관이 각각 6가지 바깥 환경에 대응하여 일어나는 생각을 6식識이라고 합니다.

6근+6경=12처
12처+6식=18계 이것이 12처와 18계입니다.

초기불교에서 설해진 '감각기관을 다스린다'라는 말과 마음을 관찰한다는 말은, 이 12처와 18계를 '나의 이해 관계없이' 그대로 보라는 말입니다.

이 '이해관계 없이'라는 말이 후대에 바로 반야심경에서 사용한 공이라고 조견照見(오온과 더불어)하라는 말과 같습니다.

위의 표를 세로로 읽으면 6근은 〈안 · 이 · 비 · 설 · 신 · 의〉 6경은 〈색 · 성 · 향 · 미 · 촉 · 법〉이고, 앞에 무無를 붙이면 반야심경의 구절이 만들어 집니다.

여기서 6식 중 '의식'을 제외한 5감각기관의 식識을, 모든 의식의 앞에 있는 말초적 식이라는 의미로 전5식前5識이라고 하고, 6번째의

식을 6식識이라고 이름한 것이 바로 세친의 유식학입니다. 또한 5가지 말초식과 6번째 의식을 관장하고 좋다, 싫다를 구별하는 식을 조금 더 깊은 7식識 또는 분별식分別識, 사량식思量識이라고 말합니다.

7식까지는 선악과 분별을 포함한 의식이지만, 깨달음이라는 청정한 마음은 일체의 시비와 분별을 여읜 마음이어야 하니, 한 걸음 더 깊은 곳으로 들어가 8식識(아뢰야식)이라고 이름 한 것이 유식학입니다.

12처와 18계를 설명하며 유식학을 거론하는 이유는 유식의 논리가 붓다께서 설하신 감각기관의 다스림과 관찰(12처 18계)과는 무관하다는 사실을 분명히 말하고자 함입니다.

세친의 유식에서는 결국 8식이 전변轉變하여 청정무구한 깨달음에 이른다 하지만, 반야심경에서는 오히려 모든 마음의 움직임과 실체를 공空하다 하니, 잘 살피면 유식과는 오히려 상반되는 것입니다. 곧 용수가 중론에서 말한 연기와 공의 개념이 붓다의 가르침에 잘 맞는다는 말씀입니다.

12처와 18계를 이해하는 핵심은 근根 · 경境 · 식識이 정연하게 연기緣起에 의존한다는 것입니다.

제3장

붓다,
제자들과의
기막힌
인연

붓다, 세월을 함께 할 유일한 분

출가

가끔 만약 붓다와 같이 출가생활을 할 수 있는 기막힌 인연이었으면 어땠을까 하는 간절한 생각이 들기도 합니다.

그럴 때마다 떠오르는 것이 짐 크로스Jim Croce가 부른 'Time in a bottle'이라는 노래였습니다. 시간을 병 속에 저장해 두고 필요할 때 쓸 수 있다면, 사랑하는 연인을 위해 쓰겠다는 노랫말이 가슴을 저리게 만듭니다. 당연히 제 사랑은 '붓다'입니다.

If I could save time in a bottle 만약 병 안에 시간을 넣을 수 있다면

The first thing that I'd like to do 제일 내가 먼저 하고 싶은 일은

Is to save everyday 그저 당신과 이 시간들을 함께하기 위해서

Till eternity passes away 영원이란 게 사라질 그때까지

Just spend them with you 매일 매일을 저축해 놓는 거예요.

If I could make days last forever 만약 세월을 영원히 지속시킬 수 있
다면

If words could make wishes come true 그저 말로만 모든 게 이루
어 질 수 있다면

I'd save everyday like a tresure treasure and then 난 매일 매일
을 보물처럼 아껴두고

Again I would spend them with you 그리고 나선 그 시간들을 그대
와 보낼 거예요.

But there never seems to be enough time 하지만 그대가 하고자
하는 일을 할 만큼의

To do the things you want to do 충분한 시간이 결코 있어 보이지
않네요.

Once you find them I've looked around enough to know 난
그대가 나와 함께 이 세월을 함께 할

That you're the one I want to go through time with 유일한 사
람이란 걸 알아요.

저는 붓다께서 입멸하신 후 2,500년이라는 오랜 시간이 지난 다
음 출가를 했지만, 붓다께서 이처럼 시간을 담을 수 있는 병을 가지

셨어도, 위의 노랫말처럼 '세월을 함께 할 유일한 사람'은 오직 붓다
의 가르침을 올곧이 따르는 출가자들뿐이라고 생각합니다.

저는 선택될 자신이 없고 이런 노래라도 즐길 수 있는 것도 큰 복
이라 여기고 있지요.

왜 사람들은 붓다만 보면
앞뒤 가리지 않고 출가했을까?

붓다의 출가주의

붓다의 철저한 출가주의와 관련해 재미있는 이야기가 있습니다. 붓다께서는 깨달음을 성취하신 후 많은 사람들을 제자로 받습니다. 대개는 기존의 바라문 등 수행을 하고 있었던 이미 '출가'한 사람들이 대부분이었습니다. 경전에 붓다의 한 말씀을 듣고 상당한 경지를 얻는 경우가 많은데, 그 이유가 그들은 이미 오랜 수행자였기 때문입니다.

그런데 붓다의 아버지인 숫도다나Suddhodana 왕은 자신의 아들이, 법의 전륜왕인 붓다를 이루었다는 소식을 듣고 아들인 붓다가 자신을 찾아와 주길 학수고대하였습니다. 그 연유는 확실히 밝혀지지 않았으나 붓다는 성도成道 후, 6년이나 지나서 자신의 고향과 부왕을 만나러 가게 됩니다. 그것도 부왕이 신하에게 전하길 "이번의 당부에도 붓다께서 오시지 않는다면 너는 죽을 각오를 해야 한다"

고 말했고, 그 신하는 붓다께 "붓다께서 부왕을 뵈러 오지 않으시면 저는 죽습니다"라는 목숨을 건 통사정에 마음을 돌리신 것이라고 합니다.

붓다께서 부왕을 찾아 뵌 후, 붓다의 제자 중에 석가족이 거의 없음을 확인하고 실망한 숫도다나 왕은 자신의 종족을 대거 출가시킵니다. 아난과 데바닷다는 붓다와 사촌지간이 됩니다. 먼 훗날 붓다께서 연로해지자 교단은 붓다와 같은 석가족과 다른 종족 출신의 제자들과 갈등을 빚기도 합니다. 붓다 주변의 사람들로 출가까지 한 이들은 잘 아시는 것처럼 붓다의 아들 라훌라, 붓다의 이모이며 첫 여성 출가자인 마하파자파티 등 직계가족도 많습니다.

붓다의 명성을 듣고 붓다의 제자로 출가하는 젊은이들이 하도 많아서 주변의 부족들이 노동력이 부족하고, 종족을 방어하는 전쟁에도 대비할 수 없고, 심지어는 아들들이 모두 출가해 늙은 부모가 의탁할 곳이 없는 상황에 직면하게 됩니다. 할 수 없이 부족장들은 붓다께 고언을 올립니다. 이에 붓다께서는 아들이 둘 이상이면 모두 출가할 수는 없고, 한 명은 남아 부모님을 봉양하고 부족을 위한 의무도 다해야 된다고 규칙을 만들었습니다.

유마경에서 만난
부처님의 으뜸제자들

10대 제자

붓다께서는 성불 후 무려 45년을 전법에 몰두하셨으니, 그 제자의 수가 『금강경』에서는 비구 1,250인이라고 밝히고 있지만 재가 제자들을 포함하면 거의 수천 명에 달했을 것이라고 여겨집니다. 그들은 몇 군데의 수행처에 분산하여 거처했으며, 붓다는 수시로 이들의 거처에서 법을 설하시곤 하셨을 것입니다. 현재 남아 있는 터 외에도 몇 명씩 무리지어 산속에서 수행하는 제자들도 많이 있었을 것입니다. 붓다의 제자라 하면 우리는 '10대 제자'를 먼저 떠올립니다. 그러나 이런 선별은 아주 작위적입니다. 10명의 이름이 추려진 첫 경전은 『유마경』 제3 제자품입니다.

유마경은 승만경과 더불어 재가자를 주인공으로 한 유일무이한 경전이라 그 의미를 더하고 있습니다. 비교적 잘 알려진 이 유마경에 대해 조금 설명을 하겠습니다.

유마경의 경 이름을 살펴보면, 최초의 한역본은 187년 엄불조嚴佛調 역의 '고유마힐경古維摩詰經', 223~253년경 지겸支謙 역의 '불설유마힐경佛說維摩詰經', 406년 구마라습鳩摩羅什 역의 '유마힐소설경維摩詰所說經' 등 7개의 산스크리트 원전 없는 한역본이 존재한다고 알려져 있습니다. 대승경전의 꽃이라는 법화경이 기원 후 300~400년경 편찬되었음을 감안하면, 이미 기원 후 1~2세기에 한역까지 이루어진 유마경은 대승 초기의 경전임이 분명합니다. 이는 문헌학적으로도 큰 의미가 있는 것입니다.

유마경의 정신은 출가 중심의 불교를 신랄하게 비판하고, 대승 사상의 핵심을 밝히고자 함에 있습니다. 이 경의 무대는 바이샬리 Vaiśālī라는 갠지스 강 중류 지역이고, 유마힐이라는 재가신도를 주인공으로 붓다의 10명의 수승한 제자와 유마힐이 법의 대결을 펼치는 내용입니다. 유마힐이 실존의 인물이냐, 아니냐 하는 논쟁은 의미가 없습니다(저는 가공된 인물이라 생각합니다). 핵심은 붓다의 제자들은 성문聲聞에 불과하고, 대승인 유마힐이 그들에게 불법의 진수를 가르쳐 준다는 '모티브'에 있습니다.

이런 위치에 있는 유마경에서 10대 제자를 나열한 순서에 의미를 부여하는 일은 결코 부당한 것이 아닙니다.

이제 유마경 제3품의 시작 부분을 보겠습니다.

그때에 장자 유마힐은 생각하기를, '내가 이렇게 병들어 누웠는데 자비하신 부처님께서 나를 어여삐 여기시지 아니 하시는가?'라고 하자 부처님이 그 뜻을 아시고 사리불에게 이르셨다. "네가 유마힐을 방문하여 병을 위문하여라."

사리불 다음에 나오는 제자의 이름을 순서대로 나열하면, 목건련-가섭-수보리-부루나-가전연-아나율-우바리-라훌라-아난 이렇습니다.

위와 같은 붓다의 당부에도 오백 명의 제자들이 다 유마힐에게 문병을 갈 수 없다고 난감해 합니다. 자신들은 유마힐에게 불법을 잘 모른다고 질책을 받았기 때문이라고 발뺌을 합니다.

제가 유마경을 꺼낸 이유는, 붓다의 제자들과 그 역학관계를 생각해 보기 위함입니다.

또한 대승론자들의 붓다의 제자에 대한 관념이나 혹은, 당시의 승단에서의 주류, 비주류, 심하게 말하면 서열을 유마를 통해 빗대는 것일 수도 있기 때문입니다.

불멸 후 거의 600~700년이 지난 시점의 경전인 유마경에서 거론된 제자들의 순서는 언급했듯이, 사리불-목건련-가섭-수보리-부루나-가전연-아나율-우바리-라훌라-아난입니다.

사리불과 목건련은 붓다가 가장 사랑했던 제자들이라는 사실은 경전 곳곳에서 확인할 수 있습니다. 해공解空 제일 수보리는 금강경의 주인공이니, 대승 쪽에서도 가장 수승한 제자로 인정을 한 셈입니다. 그러나 붓다를 평생 시봉하며 그 가르침을 가장 많이 듣고 익힌 아난을 꼴찌로 내 몬 점은 의도가 있어 보입니다. 그 의도라는 것은 바로, 많이 들어 보았자〔多聞〕 대승의 이치를 증득하는 데는 별 소용이 없다는 분명한 메시지입니다. 또한 부동의 1위로 예상되는 가섭이 3위라는 사실도, 앞의 앞으로 제기할 삼처전심이 석연치 않다는 제 주장을 도와주고 있는 셈입니다.

조로아스터교의 개종 제자

가섭 3형제를 제도하다

조로아스터교(배화교)는 무려 기원전 거의 1,800년경에, 자라투스트라에 의해 창시된 종교로 창조신 '아후라 마즈다Ahura Masda'를 믿는 종교입니다. 기원전 5~6세기에는 이란과 그리스, 페르시아 등 넓은 지역으로 퍼졌고, 인도의 북방도 그 영향권에 들어가는 시기였습니다.

조로아스터교가 유대교와 기독교 발생의 사상적 모태가 되었다는 사실은 종교학자들에게는 상식에 속합니다. 선·악의 대결 구도가 교리의 모티브가 되고, 창조신과 구원 등이 핵심 사상이기 때문입니다.

그런데 흥미로운 사실은 이들도 3개의 계급제를 인정하였다는 것입니다. 인도에서 계급제의 시작 시기를 통상 기원전 1,000년경 인도를 침략한 아리아인들에 의해서라고 말합니다. 그들이 정복자로서 위치를 확고히 하고자, 4계급제를 급속히 정착시켰다는 것입니다. 그러나 그들이 조로아스터교까지 크게 전파시키기에는, 베다 등의 사상과 인도 자체의 힌두이즘이 워낙 여러 형태의 신앙으로 이미 나타나 있었던 것입니다. 놀랍게도 인도 봄베이 출신의 세기적 지휘자인 주빈 메타(Zubin Mehta 1936~)가 조로아스터 교도라고 합니다.

붓다의 제자 중에서도 '불을 섬기는' 신앙의 무리는 대표적으로 가섭 3형제가 있습니다.

붓다께서 깨달음을 얻은 후 첫 걸음으로 택하신 것은 마가다국의 수도 왕사성에서 역시 불을 섬기는 3형제인 첫째인 우루빈라가섭優 樓頻螺迦葉, 둘째인 나제가섭那提迦葉, 셋째가 가야가섭伽耶迦葉입니다(상 수제자인 마하가섭과는 전혀 다른 인물들입니다).

이들은 붓다와 논쟁을 벌인 후 자신들의 부족함을 인정하고, 무려 제자 1,000명을 거느리고 붓다께 귀의합니다. 붓다의 첫 행보의 최대 성과였습니다.

바라문이 됐든 조로아스터교를 신봉하든 붓다께서 가장 싫어하셨던 바라문교의 병폐가 4계급 제도인데, 조로아스터교의 3계급제라고 하여 붓다께서 인정해 주시기는 만무한 일이었습니다. 『숫타니파타』에서 이들이 붓다께 여쭙기를 어떤 계급 출신이냐는 질문에, 붓다는 "나는 바라문도 아니고 왕족도 아니오. 나는 바이샤 족 사람도 아니고, 다른 어떤 계급에도 속해 있지 않소. 일반 범부의 가문은 잘 알고 아무것도 가진 것이 없지만, 깊이 생각하며 세상을 살아간

다오"라는 말씀으로 답합니다.

게다가 자신의 출신인 왕족에도 속하지 않는다고까지 단호하게 말씀하고 계십니다. 이렇듯, 붓다께서는 철저히 '현재 언행을 하고 있는 나'를, 그 사람 자체의 모든 것을 나타내 주는 가치로 삼으셨습니다.

이 사실을 유추하면 붓다는 결단코 인간에게 현재 벌어진 결과를, 전생의 업業이라는 지극히 비현실적인 단정을 용인하지 않으셨음이 분명합니다.

현재 바라문은 전생에 바라문이었고, 현재 왕족은 전생에도 왕족이었다는 당시로서는 상식에 속하는 일을 단호하게 부정하신 것입니다. 붓다의 승단에서는 전생의 연장이라는 4성제라는 계급주의나 출가 전의 지위는, 결코 아무런 차별과 선민의 빌미를 제공한 적이 없습니다.

붓다의 아들 사랑
외아들 라훌라를 교화하다

라훌라Rahula는 붓다께서 출가하기 전에 야소다라Yasodhara라는 부인 사이에 태어난 아들입니다. 붓다는 출가에 장애가 생겼다고 아들 이름을 '장애(라훌라)'로 지으셨습니다.

붓다는 라훌라가 12살의 어린 나이에도 불구하고, 사리불의 제자로 출가하도록 합니다. 그런데 아직 철이 들지 않은 라훌라는 분위기 파악이 안 되었는지, 장난치기를 좋아하고 계율도 잘 지키지를 않았습니다.

이에 붓다께서 출가자로서 라훌라에게 가르침을 주시는 것이 최초의 경집인 『숫타니파타』에 영화의 한 장면같이 그려져 있습니다. 다행히 라훌라는 당당히 붓다의 10대 제자에 오를 정도로 열심히 수행을 하였습니다.

여기에서 저는 붓다의 아버지이며, 라훌라에겐 친할아버지인 숫도다나Suddhodana 왕의 애타는 심정이 떠오릅니다. 왕위를 계승할 아들 고타마도 출가하여 '붓다'가 되었고, 두 번째 왕위 계승자인 손자마저 출가해 버렸으니 내심 큰 아픔을 겪었을 것이라는 연민의 정이 일어납니다. 하기야 붓다께서도 결국은 자신이 태어난 카필라성이 완전히 멸망하는 것을 지켜보시며 크게 낙심하셨다고 경에서는 전하니, 아마도 라훌라는 더욱 수행에 전념하지 않을 수 없었을 것이라는 생각이 듭니다.

『숫타니파타』에 전해지는 붓다와 출가한 아들 라훌라의 대화(제335 구절~제342 구절)는 과연 멋진 광경입니다.

붓다께서 말씀하셨다.

"라훌라야, 늘 함께 살고 있기 때문에 너는 지혜로운 스승을 가볍게 보고 있는 것은 아니냐? 모든 사람을 위해 횃불을 비춰주는 사람을 너는 존경하고 있느냐?"

라훌라는 대답했다.

"늘 함께 살고 있다고 해서 지혜로운 스승을 가볍게 보는 일은 없습니다. 모든 사람을 위해 횃불을 비춰 주는 사람을 저는 항상 존경합니다."

붓다께서 다시 말씀하셨다.

"믿음을 갖고 출가를 하였다면, 5가지 감각적 쾌락의 욕망에서 벗어나, 괴로움을 없애는 사람이 되라. 선한 친구와 사귀어라. 인적이 뜸한 외딴 곳, 고요한 곳에 거처하여라.

그리고 음식의 양을 조절하는 사람이 되어라. 의복과 얻은 음식과 의약품과 침구와 깔개, 이런 것에 욕심을 부려서는 안 된다. 다시는 세속으로 돌아가지 말아라.

계율을 잘 지키고 다섯 감각을 다스려, 네 육신에 대해 관찰하라. 세상에 미련을 갖지 말고 마음에서 털어버려라.

탐욕에 물들어 아름답게 보이는 겉모양에 마음을 사로잡히지 말라. 육신은 부정한 것이라고 마음에 새겨두고, 마음을 하나로 집중시켜라.

마음에 모양의 흔적을 두지 말라. 마음 깊이 도사린 오만을 버려라. 오만을 없애면 너는 마음의 고요함을 이루리라."

이처럼 거룩한 붓다께서는 라훌라 존자에게 이와 같은 시로써 되풀이해 가르치셨다.

데바닷다는 극악무도한 자인가?

억울한 데바닷다

붓다의 사촌이었던 석가족 출신의 데바닷다Devadatta는 아난과 친형제였습니다. 데바닷다는 붓다와 같이 석가족 왕자 출신의 사문이었지만, 역사적으로 가장 억울한 누명을 쓴 붓다의 제자입니다. 붓다의 첫 번째 후원자인 마가다국 빔비사라 왕의 아들 아사세와 공모하여 붓다의 교단에 반역을 꾀했으나 아사세는 성공하고 데바닷다는 실패한 것으로 설정이 되어 있습니다. 심지어 데바닷다는 큰 앙심을 품어 붓다께 바위를 굴려 떨어뜨리고, 술 취한 코끼리를 풀어 달려들게 하는 등, 극악무도한 '붓다 살해 미수죄'로 산 채로 무간지옥에 떨어진 것으로 기록하고 있습니다.

그러나 근래 활발한 초기불교와 교단에 대한 연구의 다각화의 성과에 의하면 데바닷다는 명예 회복을 해 주어야 마땅한 사람입니다. 아무리 경전에 전해져 오는 내용이라 하더라도 기록자가 인간인 이상 '역사는 승자의 논리로 쓰여진다'는 원칙에서 벗어나지 못하기 때문입니다.

결정적으로 1908년 3월 프랑스의 탐험가였던 펠리오(Pelliot, P)가 중국 돈황敦煌의 천불동千佛洞에서 발견한 신라 스님 혜초의 인도 여행기인 『왕오천축국전』에 기록된 내용이 강력한 증거 중 하나입니다. 혜초는 인도에서 불교가 망한 7세기 당시 인도 동북부에서 데바닷다를 시조로 하는 불교의 종파를 확인했다고 전하고 있습니다.

사실 붓다의 교단이 늘 조용했던 것만은 아닙니다. 수행의 무리가 많아질수록 예기치 못한 문제점들이 발생하게 되는 것은 당연한 일일 것입니다. 붓다께서 계율을 정하게 된 연유도 바로 그런 문제들이 발생하지 못하게 교단 내 공동생활의 '매뉴얼'이 필요하다고 느끼게 되었기에, 사안이 벌어질 때마다 '그것은 금한다'라고 한 가지씩 추가된 것이 후에는 상당히 많은 계율이 제정되게 된 것입니다.

붓다의 교단은 안정되었고, 왕들과 부호들의 보시로 비교적 풍요로워지게 됩니다. 이때부터 수행처를 보시물로 편하게 꾸미는 제자들도 생기고, 심지어 탁발을 나가지 않고 음식을 저장했다 먹는 제자도 생기게 됩니다. 자연히 교단의 분위기가 이런저런 의견들로 술렁이게 됩니다. 게다가 교단의 인원은 한 곳에 머물기에는 너무 많아 몇 곳에서 분산하여 수행을 하게 되었고, 붓다께서는 수행처를 돌아가며 제자들과 함께 하시게 됩니다.

데바닷다는 자신이 마음속에 품었던 교단의 '개혁안'을 비구들에게 말하며 500명의 동의를 받기에 이릅니다. 이제 데바닷다는 붓다께 공개적으로 교단에서 오법五法의 실행을 요구하는데 그 내용은 이렇습니다.

오분율에 나오는 데바닷다가 요구한 오법은 이렇습니다.

첫째, 소금을 먹지 않는다.

둘째, 기름기 있는 음식을 먹지 않는다.

셋째, 생선과 고기를 먹지 않는다.

넷째, 걸식한다.

다섯째, 봄~여름 8개월은 태양 아래에 앉아 있고, 겨울 4개월은 초 가집에 머문다.

이렇게 다섯 가지를 거론하며 붓다께 교단의 양위를 요구했다고 합니다. 붓다께서는 오법을 고행주의라고 받아들이지 않았으며, "사 리불이라면 몰라도 너는 절대 안 된다"라고 거부 의사를 분명히 하 신 것으로 『숫타니파타』에 전해집니다.

정리하면 데바닷다는 느슨해진 비구들에게 좀 더 적극적인 수행 의 원칙을 지켜야 한다고 주장했던 것입니다. 그런데 이 주장은 강 력한 아란야阿蘭若행과 두타頭陀행으로 돌아가자는 말과 같은 것입니 다. 앞에 구체적으로 언급한 바 있지만 불교와 교설만으로는 분간이 쉽지 않은 자이나교의 철저한 무소유와 계율주의에 비해, 붓다의 교 단은 수행의 방법에 좀 더 중도적인 견해를 유지했던 것은 분명해 보입니다.

자이나교의 한 분파인 공의파空衣派는 아직도 벌거벗은 몸으로 지내며, 물도 그냥 마시면 물속의 세균이 죽는다고 걸러 마시고 있습니다. 붓다의 중도주의와 자이나교의 계율주의 중 어느 쪽이 수승하다는 논쟁을 떠나 붓다의 불교는 인도에서 12세기에 완전히 힌두교에 흡수당하며 그 존재가 사라져 버렸습니다. 한편 고행주의 자이나교는 인도에서 명맥을 유지하며 살아남았고, 데바닷다를 추종하는 수행자들은 무려 7세기까지 그 맥을 이어 왔던 것이 역사적 사실입니다.

붓다의 말씀을 되살려 낸 아난 존자
억울한 아난

　　붓다께서는 자신의 열반을 예고하셨습니다. 예고란 분명히 죽음을 인식하셨다는 뜻으로 예언과는 다릅니다. 대장장이 춘다Cunda의 버섯 공양을 받으신 후 식중독을 일으켰는데, 아마 연로한 몸으로 심하게 탈진하여 완치가 어려웠던 것 같습니다. 그런 면에서는 돌발적 상황이 발생했다고 볼 수도 있습니다.

　　설사로 인한 탈진으로 기운이 쇠잔해졌음에도 유행遊行을 멈추지 않으셨고, 더욱 제자들을 소집하라는 말씀도 하지 않으셨습니다. 오직 붓다의 사촌인 아난Ānanda 존자가 혼자서 병들어 지친 붓다를 힘들게 시봉하고 있었습니다. 결국 붓다는 자신의 몸이 회복 불능에 이르자, 사라쌍수(사라수가 둘 있는 나무) 아래에서 열반을 준비하게 됩니다.

　　이때까지도 역시 아난 한 분만이 붓다의 곁을 지키고 있었습니다. 아난은 크게 당황하고 크게 황망한 생각이 들어 몇 가지를 붓다께 여쭙니다. 이것이 사실상 붓다의 마지막 유훈이 되어 버렸습니다.

열반 후 장례법에 대해서는 전륜성왕의 예에 준하라는 답을 듣고, 이제 교단은 무엇을 의지해야 하는가에 대해서는 법을 의지하고 자신을 의지하라(법등명 자등명), 계는 무엇을 지켜야 하는가에 대해서는 소소한 계는 버리라는 유훈을 듣습니다. 어찌 보면 가장 중요한 교단을 이을 후계자 문제를, 아난으로서는 차마 여쭐 수가 없었을 것입니다.

아난이 붓다의 수행비서격인 시봉 역할을 맡게 된 일은 붓다의 세수世壽 50이고, 아난도 거의 40대 중반에 이르렀을 때였습니다. 교단회의에서 젊은 제자는 믿을 수 없으니, 사촌동생인 아난이 적임자라고 결정을 해 버렸기 때문입니다. 마음이 여려 차마 거절하지 못한 아난은 경전에서는 늘 붓다께 야단만 맞는 총명하지 못한 제자로 묘사되곤 합니다. 아마도 아난존자는 성격이 좋고 매사에 신중해, 붓다께서 친근함의 표시로 더 꾸중을 하셨으리라 여겨집니다. 아난이 아둔하였다면 어떻게 1차 결집에서 "나는 이렇게 들었노라…"라고 붓다의 말씀을 암송해 낼 수 있었겠습니까?

붓다의 열반 후 제자들은 교단회의 때마다 의견이 일치하지 않으면, 아난에게 "붓다께 이 문제는 왜 여쭈어보지 않았느냐?"고 비난의 소리만 해 댑니다. 역사적 인물 중에 아난만큼 과소평가되고, 또한 비통한 심정을 느낀 사람도 드물 것입니다.

게다가 난데없이 가섭존자가 교단을 장악하니 만감이 교차했을 것입니다. 붓다께서는 사리불과 목건련을 가장 자랑스러워했지만, 그들은 붓다보다 먼저 열반에 들었습니다. 붓다께서는 두 제자의 죽음에 직면하여 마치 친자식의 죽음을 맞이한 것 같은 큰 슬픔에 빠지셨다고 경전에서는 그 안타까움을 전하고 있습니다. 두 제자 중 사리불이 살아 있었다면 단연 그가 교단을 이어받았을 것입니다.

역사에 가정이란 의미가 없지만, 거의 3천 년 전 세수 80세로 장수하신 붓다가 아난 없이도 장수長壽를 하셨을까 가정해 봅니다. 붓다께서 식중독에 걸려 설사로 인한 탈진 속에서도 열반지인 쿠시나가라Kuśinagara로 향하며, 간간히 나무 그늘에 누워 쉬시며 아난에게 목이 몹시 마르니 마실 물을 달라고 몇 번 말씀을 하십니다. 그러나 아난은 마차가 지나가 웅덩이 물이 흙탕물이 돼서 붓다께 한 모금의 물로 드리지 못했습니다.

이렇게 붓다의 열반까지 며칠 동안 하늘이 무너지는 심정으로 혼자 감당해야 했던 아난 존자를 생각하면 가슴이 아려집니다.

현명한 불자, 바보 같은 불자

붓다와 춘다의 대화

억울한 재가불자도 있습니다. 바로 대장장이 아들 춘다Cunda인데 비록 출가는 하지 않았어도, 대단히 신심 깊은 붓다의 제자였던 것 같습니다. 붓다와의 만남도 빈번히 이루어진 것으로 추측됩니다.

경전에는 붓다께서 왕이나 부호의 초대로 제자들과 같이 공양을 받으셨다는 기록이 종종 있습니다. 그러나 춘다는 평민으로 붓다를 집으로 초대하여 공양을 올릴 만큼 붓다와의 관계가 가까웠음을 알 수 있습니다. 당시의 4성四姓 계급제에서 평민인 춘다가 바라문과 격의 없이 지낸다는 것은 상상할 수 없으니, 붓다의 중생들에 대한 무차無遮 자비심을 헤아릴 수 있는 의미 있는 대목입니다.

춘다가 붓다께 올린 마지막 공양은 '스카라 맛다바'라고 하는데, 돼지고기라는 해석과 독버섯의 종류라는 설이 있습니다. 어느 쪽이 되었든 붓다는 춘다의 공양을 받고 열반에 드신 것으로 경에서는 밝히고 있습니다. 춘다는 자신이 올린 공양을 드시고 붓다께서 설사병을 일으켜, 열반하시는 낭패를 당하게 만들었다는 비난을 들은 당사자입니다.

그런데 『숫타니파타』에 의하면 춘다는 직업은 대장장이였지만, 요리를 아주 잘해서 붓다께서 춘다에게 공양받기를 좋아하신 것으로 묘사되고 있습니다. 게다가 춘다는 진리에 대한 열정도 대단해서, 붓다만 뵈면 공양을 올리고 꼭 가르침을 청하곤 했습니다.

『숫타니파타』에 전하는 붓다와 춘다의 대화를 추려 보았습니다.

대장장이의 아들 춘다가 말했다.
"위대하고 지혜로운 성인, 진리의 주인이며 애착을 여읜 분, 최고의 인간, 뛰어난 마부께 저는 묻습니다. 세상에는 어떤 수행자들이 있습니까? 일러 주십시오."
스승(붓다)은 대답했다.
"춘다여, 네 가지 수행자가 있고, 다섯 번째는 없다. 지금 그 물음에 답하리라. '도를 정복한 이', '도를 말하는 이', '도에 사는 이' 그리고 '도를 더럽히는 이'라 한다."
대장장이 춘다는 말했다.
"깨달은 이는 누구를 가리켜 '도를 정복한 이'라 부르십니까? '도를 말하는 이'는 어찌하여 다른 이와 견줄 수 없습니까? 또, '도에 산다'는 것을 설명해 주십시오. 그리고 '도를 더럽히는 이'에 대해서도 말씀해 주십시오."

"의혹을 넘어서고 번뇌를 떠나, 열반을 즐기며 탐욕을 버리고, 신들을 포함한 세계를 이끄는 사람, 이런 사람을 '도를 정복한 이'라고 깨달은 사람은 말한다.

이 세상에서 최상의 것을 가장 최상의 것으로 알고, 법을 설하고 판별하는 사람, 의심을 버리고 동요하지 않는 사람을 수행자들 가운데 두 번째, '도를 말하는 이'라 부른다.

잘 설해진 가르침에 의지해 살며, 스스로 자제하고 허물없는 삶을 사는 사람을 수행자들 가운데 세 번째, '도에 사는 이'라고 부른다.

맹세한 계율을 잘 지키는 체하지만, 고집 세고 가문을 더럽히며, 오만하고 거짓이 있으며, 자제함이 없고, 말이 많고, 그러면서도 잘난 체하는 사람을 가리켜 '도를 더럽히는 이'라고 한다.

이러한 네 가지를 잘 관찰하여 지혜로운 재가 수행자는, 그들을 잘 알아 '네 가지의 수행자는 그와 같다'고 분별하여, 그들을 보더라도 믿음은 변하지 않는다. 그는 깨끗한 것과 그렇지 않은 것, 더럽혀진 것과 그렇지 않은 것을 혼동하지 않기 때문이다."

붓다를 가까이서 대할 수 있었던 춘다와 붓다의 대화를 보면, 춘다는 대단히 순수하고 구도적인 사람이었던 것 같습니다. 그런 춘다가 붓다께 묻는 내용이라 그런지 몰라도 질문이 범상치 않습니다. '도를 정복한 이', '도를 말하는 이', '도에 사는 이', '도를 더럽히는 이'를 구별하는 법을 말해 달라는 것입니다. 이에 붓다는 의심과 번뇌를 버리고 해탈에 이른 사람을 '도를 정복한 이', 법을 잘 판별하여 어느 것이 최상의 가르침인지를 말할 수 있는 사람을 '도를 말하는 이', 붓다의 가르침에 충실해 사는 사람을 '도에 사는 이'라고 말씀하십니다. 그리고 '도를 더럽히는 이'는 계율을 잘 안 지키고, 오만하고 거짓되게 살며, 자신에 대한 자제가 부족하고, 자신이 잘났다고 떠벌이는 사람이라고 말씀하십니다.

이 말씀은 '도를 더럽히는 이'는 되레 중생들에게 해가 되니까, 재가 신도들이라도 이런 수행자에게는 공양을 올리지 말고, 보시도 하지 말아야 된다는 교훈이 담겨 있는 것입니다.

재가 신도로서 여러분들이 춘다와 같은 현명한 사람이 되는가, 아니면 '도를 더럽히는 이'를 오히려 도와주는 바보 같은 신도가 되는가는 순전히 여러분의 판단에 달려 있는 것입니다.

우리 절 스님은 그래도 도박을 하거나 골프는 치지 않는다는 사실이 자랑이 되는 현재의 한국불교는, 어디서부터 '손을 대야' 2천여 년 전인 『숫타니파타』 시대의 수준에 이를 수 있을는지, 그게 가능하기나 한 건지 숨이 턱 막힙니다.

붓다의 최고 후원자,
사랑과 영혼의 주인공

빔비사라 왕과 위제희 부인

붓다께서 깨달음을 얻은 곳은 부다가야Buddh Gayā라는 곳입니다. 붓다의 탄생지 룸비니, 최초의 설법지 사르나트, 열반지 쿠시나가라와 함께 부다가야는 불교의 4대 성지로 불립니다. 붓다는 35세 때 부다가야에서 깨달아 5비구와 야사를 거느리고, 다음 해 바로 마가다국의 수도인 라자그리하Rajagriha(왕사성)로 향합니다. 라자그리하는 부다가야에서 300km 이상을 걸어야 할 만큼 떨어져 있습니다. 이것은 붓다께서 라자그리하에 가야 할 목적이 분명하였음을 말합니다. 라자그리하는 대국大國인 마가다의 수도로, 당시로서는 매우 번창한 인도 중·서북부의 중심도시였던 것입니다.

그리고 라자그리하는 바라문들은 물론 후에 붓다께서 외도外道라고 비판한 수많은 사상가와 수행자들이 모이는 곳이기도 하였습니다. 마가다의 왕인 빔비사라Bimbisāra는 붓다와 같은 바라문에 대응하는 신흥 자유수행자들에게 특별한 관심을 가진 인물이기도 하였습니다.

빔비사라 왕은 기원전 543년경~491년경에 재위한 것으로 전해지는 실존 인물인데, 이 사실을 기준으로 붓다의 생존연대를 비교적 정확히 알 수 있습니다. 붓다와 빔비사라는 나이 차이가 10년을 넘지 않을 것으로 추정됩니다.

흔히 이보다 200~300년 후에 인도를 통일하고 불교를 국교로 삼고, 붓다의 사리를 불탑에 봉안하여 인도 대륙에 전파하고, 인도 대륙 밖인 스리랑카에 불법을 처음 전한 아소카 왕이 현재의 불교를 있게 한 공적이 가장 크다고 하지만, 꼭 그렇지만은 않다는 것이 제 생각입니다. 이를 뒷받침하는 설명을 하겠습니다.

당시에는 정통 바라문과 바라문교를 따르지 않는, 새로운 출가 수행자들의 사상적 대결 구도가 형성되던 시기였습니다. 바라문교를 따르는 수행자는 바라문婆羅門(brahman)으로, 그 외의 독자적인 출가 수행자를 사문沙門(śramana)이라고 부르며 바라문과 사문을 엄격히 구별하였습니다. 붓다는 당연히 사문에 속하는 수행자였고, 자이나교(Jainism)의 창시자인 마하비라Mahāvīra 역시 마찬가지 입장이었습니다. 바라문에 대항하는 이 위대한 두 인물은 활약 시기와 사상이 너무나 흡사해, 막스 베버Max Weber 같은 훌륭한 사상가도 붓다와 마하비라를 같은 인물로 착각했을 정도입니다.

이런 정치적 · 사상적 배경이 붓다가 라자그리하로 향할 때의 상황이었습니다. 낯선 곳인 라자그리하에 도착한 붓다는 거처를 마련하기 위해 판다라 산으로 향했는데, 판다라 산은 라자그리하를 둘러싸고 있는 다섯 개의 산 중 하나입니다. 빔비사라 왕과 붓다의 만남은 이렇게 판다라 산에서, 빔비사라 왕이 붓다의 처소를 방문하는 것으로 시작됩니다.

여기서 한 가지 짚고 넘어가야 할 의문이 있습니다.

빔비사라 왕은 붓다를 만나자 바로 왕족임을 알아챘고, 더욱 군대를 주겠다는 제안까지 합니다. 군대는 예나 지금이나 '통치권'을 뜻하는 특수한 조직입니다. 빔비사라 왕은 후에 병합시키긴 하였지만, 당당히 코살라 국의 시민이라고 밝힌 범상한 인물인 고타마 붓다의 마음을 떠 본 것입니다. 말하자면 잠재적으로 적장敵將이 될 수도 있는 인물이라고 판단하고, 먼저 자기편으로 만들자는 속내가 있었던 것입니다.

그러나 붓다가 진정한 수행자임을 확인한 후 가장 강력한 붓다의 후견인이 됩니다. 실제로 빔비사라 왕은 첫 번째 아내를 경쟁국인 코살라의 왕족을 택해 정략결혼을 했습니다. 빔비사라 왕에 대해 이렇게 장황한 설명을 하는 이유는, 앞서 언급했듯이 자이나교의 교주를 비롯한 쟁쟁한 젊은 사문들이 급증할 때에, 붓다를 이해하고 섬기고 법을 청해 들으며 후에 죽림정사라는 사원을 마련해 붓다께 기증한 사실은, 그의 안목이 예사롭지 않았고 덕분에 붓다는 연고도 없는 생소한 곳에서, 사상적 승리자로 당당히 출발할 수 있는 여건이 빔비사라 왕에 의해 만들어진 것이기 때문입니다.

깨달음을 얻은 후 바로 라자그리하로 향해 자신의 뜻을 이루려는 붓다의 모험은 빔비사라 왕의 아낌없는 후원으로 완전한 성공을 이루게 되었던 것입니다. 그러나 빔비사라 왕은 개인적으로 아주 불행하게 생을 마감하게 됩니다. 그의 아들 아자타샤트루Ajātasatru(阿闍世)가 반역을 일으켜 부왕인 빔비사라 왕을 왕국의 감옥에 가두게 됩니다.(일설에는 붓다의 사촌인 데바닷다가 아자타샤트루 모반에 동참해 붓다를 살해하고, 교단을 장악하려 했다가 아자타샤트루는 성공하고 데바닷다는 실패했다는 주장이 있는데 저는 이 주장에 동의하지 않습니다.)

아자타샤트루는 부왕을 아사餓死시키려고 식사도 제공하지 않고, 왕비인 위제희韋提希를 제외하고는 그 누구도 감옥의 빔비사라 왕을 방문하지 못하게 철저히 감시합니다. 아마 자신의 손으로 부왕을 죽였다는 소문의 확산이나 비난을 면하기 위한 나름대로의 방책이었다고 생각됩니다. 그러나 현명한 위제희 부인은 온몸에 우유와 꿀을 바르고 감옥을 방문해 빔비사라 왕은 상당 기간 목숨을 연명할 수 있었다고 합니다.

인도의 타지마할도 구구절절한 왕과 왕비의 사랑을 담고 있지만, 이 빔비사라 왕과 왕비의 사랑은 영혼까지 함께하는 처절한 아름다움을 보여주고 있습니다. 안타깝게도 위제희 부인의 헌신도 결국은 발각이 되어 빔비사라 왕은 아사餓死를 면치 못하게 됩니다.

이때가 붓다께서 열반하시기 8년 전이라니, 빔비사라 왕은 늙어서 아주 모진 인생으로 삶을 마감하게 된 것입니다. 다행히, 아자타샤트루도 붓다께 귀의하여 불교를 잘 보호하였다 하니, 붓다의 위신력이 얼마나 위대했는지를 새삼 확인하게 합니다. 대승경전에 수없이 등장하는 마가다 국의 수도인 왕사성, 붓다가 처음 만난 최고의 권력자인 빔비사라 왕과 그의 아들 아자타샤트루, 그리고 위제희 부인은 이러한 기막힌 인연이 있었던 것입니다.

개인적으로 무척 궁금한 것이 있습니다.

빔비사라 왕은 붓다와 서로 존경하는 사이였습니다. 공양도 자주 받으셨고요. 그런데 그의 아들인 아자타샤트루(아사세)는 왕권을 잡기 위해 친부모를 처참히 살해했습니다.

그럼에도 붓다께서는 부모를 죽인 대역죄를 지은 아자타샤트루 왕과도 좋은 관계를 유지하셨던 것으로 경전에서는 묘사하고 있습니다. 후대에는 빔비사라와 아자타샤트루의 '그럴 수밖에 없었던 전생의 인과'를 아예 경전 속에서 합리화시켜 줍니다.

부친 살해의 과보를 거론하며 붓다께서 아사세를 멀리했다는 기록은 없습니다. 이 불행한 사건의 중심에 있었던 붓다의 심중이 정말 궁금합니다.

제4장

경전의
바다에서

붓다를
만나다

각 나라와 지방의 언어로 법을 전하라
초기 경전들의 언어적 격의 문제

붓다의 가르침의 진수는 연기緣起와 공空임을, 아무리 엉터리 불교를 배운 사람도 부정할 수는 없을 것입니다. 과거에는 드라큘라로 현재는 뱀파이어Vampire로 영화의 소재를 끊임없이 제공해 준다 해도, 혹은 빙의나 사후의 세계를 실감나게 설명한다고 해서 그것을 '사실'로 인정해 줄 수는 없습니다. 언어는 모든 지적 사고나 철학과 사상, 우주의 본질과 깨달음의 본질을 동시대 사람과 교통交通하는 수단에 불과한 것입니다.

붓다께서는 평상시에는 주로 마가다Magadha어를 사용하시다, 왕들의 초청으로 다른 곳에 왕래하시어 법을 펴실 때는 초청한 그 나라 언어를 사용하셨고, 제자들에게도 각 나라와 지방의 언어로 전법을 하라고 말씀하셨습니다. 즉, 팔리Pali어로 된 경전이라 해도, 실은 붓다께서 마가다어 등으로 하신 말씀을 팔리어로 1차 번역이 이루진 셈이라는 말입니다.

무슨 말씀인가 하면, 붓다께서도 신에 대한 언어, 업과 윤회라는 언어를 사용하실 수밖에 없을 경우가 아주 많았을 것입니다. 『숫타니파타』에 등장하는 제사라는 말도, 그 당시 바라문들이 자신들이 섬기는 수많은 신들에게 제물을 바치는 행위를 뜻하는 것이지, 사후의 세계의 영혼을 위로하고 구제한다는 현재의 제사와는 유사점이 전무한 것입니다.

지금의 우리도 불과 몇 백 년 전의 언어가 아주 다른 뜻으로 변질되어 있고, 또 그 변질은 미래로 갈수록 더 심해질 것입니다. 사투리에 대한 이해의 문제는 제외하고라도 말입니다.

불교는 『숫타니파타』 이후 가장 원음原音에 가깝다는 『니까야Nikāya』조차도, 『숫타니파타』에 비하면 얼마나 많은 언어적 발달과 표현에 『니까야』의 최초 편찬자들이 노력을 했는지 짐작할 수 있습니다. 불교는 무신론이고 나도 붓다를 이룬다는 철저한 수행과 실천 위주의 종교입니다. 그렇기에, 『숫타니파타』에서 각종 『니까야』를 거쳐, 대승경전에 등장하는 '언어적' 신神을 인정한다면, 그것으로 붓다의 가르침에서 무조건 벗어나는 것입니다.

그래서 저는 불립문자不立文字라는 말이, 선禪만의 전유물이 아닌 인간의 모든 '언어적 기록'에까지도 해당한다고 생각합니다.

붓다 역시 당시 1,500년 이상 변하지 않고 전승된 베다 등의 사상, 또한 바라문들의 생각과 수행법 등에 관한 '당위성'을 철저히 검토하셨을 것입니다. 『숫타니파타』에서는 붓다께서 바라문들보다 더

바라문교에 정통하다는 대목이 있습니다. 전통 사상이라 해도 그 당위성에 의심을 가진 사람들이 붓다를 포함한 자유사상가들이었던 것입니다. 1,000년 이상 전승되고 생활화된 사상에 대한 의문과 반론을 제기한다는 것, 그 제기가 현재의 여러분에게는 아주 유치하고 허점투성이의 논리체계라고 하더라도, 붓다와 자유사상가는 없던 것을 만든 사상적 '창조자'였던 것입니다.

극락에 가서나 만날 수 있는 붓다라면…

석연치 않은 삼처전심

경전에 실려 있는 역사적 사실과 관련된 부분에 있어서는 가끔 잘 이해할 수 없는 상황들이 있습니다. 아난과 가섭의 관계도 경전의 기록만으로는 역사적 사실을 유추해 내기가 매우 어렵습니다.

붓다는 입멸 시 자신의 장례 절차와 지켜야 될 법 등을 아난에게 말해 줄 정도로 아끼는 제자이자 사촌으로 여기고 있었음에도, 정작 아난은 붓다 입멸 직후 500명의 제자들이 모여 붓다의 말씀을 확인하는 첫 번째 결집에서 배제되었습니다.

이는 비유하면 고인故人의 평소 말씀을 기록으로 남기는데, 수십 년을 옆에서 수행한 비서실장을 제외하고 논의를 하는 매우 비상식적인 일인 것입니다.

첫 번째 결집은 왕사성의 칠엽굴七葉窟에서 행해진 것으로 가섭이 주도했습니다.

그런데, 이 칠엽굴의 결집에서 배제된 비구들이 모여 결집을 행한 사실도 확인되었습니다. 가섭이 아닌 파사카慶師迦를 수장으로 한 결집이 이루어졌는데 이를 가섭의 칠엽굴 결집과 구별하여 굴외결집窟外結集이라고 부릅니다.

이 경전 편찬회의인 결집이 중요한 이유는 파사카의 굴외결집 이후에 상좌부와 대중부의 최초 근본분열 후 대중부의 경전의 근거가 되었다는 주장도 있기 때문입니다.

이렇듯 경전이 결집되는 과정을 살펴보면 붓다의 제자라 하더라도 모두가 완벽한 깨달음을 성취한 것은 아니라는 당연한 사실과, 더불어 가섭이 교단을 승계함으로써 중국의 선불교가 역으로 가섭을 붓다와 거의 동격으로 인정하려는 의도로 삼처전심三處傳心을 각색한 것 같습니다. 붓다께서는 말씀만이 아닌 이심전심으로도 법을 전하셨고, 그것을 교외별전教外別傳이라고 한다는 것이 중국 선종禪宗의 주장입니다.

수많은 중요한 대승 경전에 '가섭'이 붓다의 말씀 속에 등장하는 경우는 거의 없습니다. 심지어 『숫타니파타』 같은 최초의 경집에도 사리불과 목건련 등 제자들과 심지어 춘다 등 재가불자들의 실명이 등장하지만 가섭의 이름은 역시 없습니다. 그러니, 유독 삼처전심으로 주목받는 가섭의 지위가 상식적으로 이해하기 힘들다는 것이 제 생각입니다. 게다가 영산회상거염화靈山會上擧拈花, 다자탑전분반좌多子塔前分半座, 사라쌍수곽시쌍부娑羅雙樹槨示雙趺로 구성된 삼처전심의 출처가 『대범천왕문불결의경大梵天王問佛決疑經』이라는 중국에서 만든 위경

僞經으로 알려져 있으니 더욱 신뢰도가 떨어집니다.

삼처전심 중 '곽시쌍부椰示雙趺' 하나만 거론해 보면 붓다께서 가섭에게 관 밖으로 두 발을 내미시는 설정은, 사실은 가섭이 붓다 입관 후 도착해서 관을 열고 붓다의 발을 어루만지는 것이 역사적 사실입니다. 그나마 다른 제자들의 요청으로 아난이 결집에 본격적으로 참여하며, '여시아문如是我聞'으로 시작되는 오늘날의 경전을 대하게 된 사실은 정말 다행입니다.

이렇듯 특히 대승불교가 흥기하며 붓다의 실제의 역사나 전기傳記가 상당 부분 왜곡된 곳이 있습니다. 대승불교가 흥기한 시기는 불멸 후 약 500년경으로, 나름대로 부파불교의 병폐에서 벗어나 새로운 사상적 전환을 요구하는 명백한 명분이 있었습니다. 지금은 대승불교 흥기 후 다시 무려 2,000년 이상이 지났습니다. 저는 이제야말로 부파불교에서 대승불교로의 전환이 이루어졌듯이, 또 한 번의 사상적 진화를 불교가 이루어내지 않으면, 후대 언젠가는 붓다의 가르침을 전설로 받아들일지도 모른다는 절박한 심정입니다.

현재에 붓다의 가르침을 따르는 지혜로운 사람들과 미래의 그들은, 인간이라면 누구라도 가능한 '깨달음을 성취한 붓다'를 원하지, 유일신과 같은 붓다나 극락에 가서나 만날 수 있는 붓다를 원하지는 않을 것입니다.

중생의 필요에 따른 맞춤 구원
삼신불과 다불 · 다보살 사상

붓다를 아라한과 구별하지 않았던 초기불교에서, 대승불교로 전환되며 사상이 급팽창하자 시급히 체계화시켜야 할 문제들이 생겼을 것입니다. 우선 붓다에 대한 개념과 깨달음의 성격이나 그 계위階位 같은 것들이 정의되어야 했을 것입니다.

부파불교시대까지의 붓다는 얘기가 아닌 고조 · 증조할아버지 때부터 들어온 몇 대 조상에 관한 사실로 받아들였을 것입니다. 그런데 500년 쯤 지난 대승불교시대에는 과거 깨달음을 성취한 인간 붓다에서, 중생이 의지해야 하는 붓다라는 존재는 같지만, 의지의 내면은 '신앙'의 형태로 변질이 요구되었습니다. 가르침(법)에 대한 믿음의 신앙과 경배의 대상으로서의 붓다의 신앙은 다를 수밖에 없습니다.

최초의 변화는 '보살'의 개념을 만들어 내는 일이었습니다. 즉, 붓다께서 전생 다생에 수행할 때의 지위를 보살이라고 칭하기 시작합니다. 본생담(本生譚, Jātaka)은 붓다의 전생의 수행 이야기를 담은 것인데, 붓다께서 전생에 주로 동물일 때 몸을 다른 짐승에게 보시했다는 내용이 대부분을 차지합니다.

이를테면, 한 겨울에 눈이 겹겹이 쌓여 어미 호랑이가 먹이를 구하지 못해 새끼들에게 젖을 주지 못하는 것을 본 토끼(전생의 붓다)가, 어미 호랑이에게 스스로 먹이감이 되어 새끼 호랑이를 살리는 이야기 같은 내용들입니다.

또한 대승불교에서는 인간 붓다가 성불했다면 과거·현재·미래에도 성불할 수 있는 인간들이 더 많아야 한다고 생각했을 것입니다. 따라서 수행 중인 보살도 많아지고, 과거에 성불한 부처, 미래에 성불할 부처 등을 상정해서 다불·다보살 사상이 성립되게 됩니다.

다불·다보살의 출현은 필연적으로 다불·다보살의 (이름과 역할 상의) 분류를 필요로 하게 됩니다. 이 결과 자연스레 대승불교에 걸맞는 붓다관이 요구되고, 결국 역사적 실존 인물로 붓다를 이룬 석가모니불을 중심으로 한 새로운 개념이 필요하게 됩니다. 이런 과정 속에서 성불을 이룬 불타佛陀를 세 가지 개념으로 정리하게 된 것이 삼신불三身佛 사상입니다. 혹자는 이를 기독교의 삼신三神론과 비교하는데, 이는 어불성설입니다.

1. 청정법신 비로자나불淸淨法身 毘盧遮那佛: 법신불法身佛이니 말 그대로 연기법신緣起法身인 우주라 해도 됩니다.

2. 원만보신 노사나불圓滿報身 盧舍那佛: 보신불報身佛을 말하니, 수행의
   과보로 이룬 부처를 말합니다.
3. 천백억화신千百億化身 釋迦牟尼佛: 실존했던 석가모니불을 말하는데,
   수없이 많은 다른 모습을 취해 출현하는 부처라는 뜻입니다.

그런데, 저는 두 번째 보신불報身佛과 세 번째 화신불化身佛의 명확
한 차이를 모르겠습니다. 석가모니불도 고타마 싯다르타가 수행한
과보로 부처를 이룬 셈이니 '보신불도 맞지 않는가'라는 의문입니다.
또한, 석가모니불을 천백억화신의 주인공이라고 설정한다면, 수많
은 보살의 화현 역시 석가모니불의 화신의 결과인지, 아니면 부처의
경우에만 천백억화신이 적용되는지 의구심이 듭니다.

다불·다보살의 원형은 힌두교의 다신多神사상에서 유래합니다.
석가모니는 힌두교의 9번째 신에 편입되어 있을 정도로, 힌두이즘
은 그 문화적 교통의 범주가 대단히 넓습니다. 그럼에도 다불·다보
살과 신화의 근본적 차이는 다불·다보살은 중생이 필요로 하는(원
하는) 마음에 따라 거기에 맞는 '맞춤 구원'을 위해 다양화되고 발전
되었다고 할 수 있습니다. 다불·다보살 사상에 이르면서 사실상 불
佛과 보살의 경계가 모호해지는 측면도 발생하게 됩니다.

대승불교의 보살과 불법을 옹호하는 신들이 무리 없이 급팽창될 수 있었던 것은, 불교에서 힌두의 신들을 대거 차용함으로써 단기간에 가능했던 것입니다. 구제신앙의 대명사인 관세음보살도 산스크리트어로 '아바로키테슈바라Avalokiteśvara'가 그 원형입니다.

불법을 옹호하는 신들의 우두머리인 제석천帝釋天은 '샤크로데반드라Sakrodevandra'라는 고대 힌두의 신을 불교에서 '스카웃' 한 것입니다.

힌두교에서는 너무 많은 신들을 불교에 스카웃 당했다고 생각했는지, 아예 불교의 대장인 붓다를 자기들의 9번째 신으로 등록을 해버렸습니다.

붓다의 진심은 어디에 담겨 있는가?

금강경은 붓다께서 설법하신 45년 중 거의 30여 년을 설하신 반야부의 경전에 속해 있습니다. 기원전에 이미 반야부의 경전들이 완성이 되었는데 금강경은 반야심경과 더불어 '반야바라밀'을 중심 사상으로 합니다. 금강경은 600권 반야부에 비해 양적으로는 압축된 내용이지만, 깨달음에 대한 불퇴전의 믿음과 수행에 대한 믿음을 확고하게 설하고 있는 경입니다.

금강경은 깨달음에 이르기 위해서는 '반야지혜(절대지)'에 의지해야 하고, 수행 역시 반야지혜를 증득함을 목적으로 한다고 반복해서 설하고 있습니다. 이 반야지般若智는 세속의 분별과 가치를 뛰어넘는 초월적 가치를 말하는데, 곧 공空의 이치를 여실히 증득한 경지를 말합니다. 금강경은 깨달음과 수행에 대한 철저한 '믿음'을 일으키게 하는 경전입니다. 붓다께서 제자 수보리Subhūti의 질문에 답하는 형식으로 구성된 금강경은 설법의 방법이 언어적 논리를 넘어, 중생들에게 수행의 동기를 부여해서 스스로 경험적 인식의 완성을 통해 점차로 반야의 절대지에 도달하게 합니다.

반야부의 경전들에는 어떤 신비스러운 내용이나, 영험한 설화를 연상하는 예를 단 한 가지조차도 찾기 어렵습니다.

『금강경』제15 지경공덕품의 공덕에 관한 내용입니다.

"수보리야, 만일 어떤 선남자 선여인이 아침에 항하 모래와 같이 많은 몸으로 보시하고 한낮에 또 항하 모래와 같은 몸으로 보시하고 저녁때에 또한 항하 모래와 같은 몸으로 보시하여, 이와 같이 한량없는 백 천 만억 겁을 몸으로 보시하더라도, 만일 또 다른 사람이 이 경전을 듣고 신심으로 거슬리지 아니했다면 그 복이 저보다 뛰어나리라. 하물며 이 경을 쓰고 받아 지니고 읽고 외고 남을 위해 해설해 줌이겠느냐."

무슨 말인가 하면 아무리 많은 몸으로 보시해도, 금강경을 읽고 기쁜 마음을 내고 받아들이고 다른 사람을 위해 해설을 해 준다면, 몸으로 아무리 보시를 하더라도 이에 미치지 못한다는 말입니다. 더욱이 금강경은 말미에 붓다께서는 "불법을 한 마디도 설한 바 없고, 한 중생도 구제한 바가 없다"는 부정을 통해 금강경 자체를 초월적 믿음의 단계로 승화시킵니다. 여기에는 공덕이니, 장엄이니, 복덕이니 하는 신앙성이 들어갈 자리마저도 없어 보입니다. 오직 반야지만을 세우며, 너희도 '아뇩다라삼먁삼보리'라는 반야지에 의해 얻을 수 있는 깨달음의 실체의 자리에 올라야 한다고 강조합니다.

아마 금강경에서 중생들에게 말하는 수행의 마음가짐(어떻게 마음을 머물고, 어떻게 항복받으며 등등)은 붓다께서 제자들에게 요구하신 마음 중, 가장 붓다의 진심이 담긴 가르침이라 해도 어긋나지 않을 것입니다. 또한 불교 경전 중 '신앙성'이 거의 배제된 경전일 것입니다.

이번에는 금강경, 화엄경과 더불어 대승의 핵심경전인 법화경을 대비해 보겠습니다. 『법화경』 제10 법사품에는 다음과 같은 내용이 나옵니다.

"약왕이여, 어디서든지 이 경을 설하거나 읽거나 외우거나 쓰거나, 이 경전이 있는 곳에는 마땅히 7보로 탑을 쌓되, 지극히 높고 넓고 장엄하게 꾸밀 것이요, 다시 사리를 봉안하지 마라. 왜냐하면, 이 가운데에는 이미 여래의 전신이 있는 연고이니라.

이 탑에는 마땅히 온갖 꽃과 향과 영락과 비단 일산과 당기와 번기와 풍류와 노래로 공양하고 공경하며, 존중하고 찬탄해야 하느니라. 만일 어떤 사람이 이 탑을 보고 예배하고 공양한다면, 이 사람은 벌써 아뇩다라삼먁삼보리에 가까워진 줄을 알아야 하느니라."

법화경은 기원 후 300~400백 년쯤 완성된 경전입니다. 그런데 같은 대승의 논사들이 같은 붓다의 가르침을 서사敍事했다고 가정하기에는 내용의 격차가 큰 정도를 넘어서, 법화경을 결집한 논사들의 생각이 반야부를 결집한 논사들과는 논지의 출발부터가 크게 달라 보입니다. 반야부의 금강경에서는 '모양 있는 것으로서의 공덕'은 전혀 인정을 하지 않고 있음에 비해, 법화경에서는 법화경이 있는 곳에 탑을 쌓고, 7보는 물론 꽃, 향 등 경전에 등장하는 장엄구로 장식하고 예배하고 공양하라고 단호하게 말합니다.

한 발 더 나아가 이런 일련의 모양을 꾸미고 장엄하는 과정이 아뇩다라삼먁삼보리를 증득하는 과정이라는 의도를 넌지시 비치고 있습니다. 게다가 이것 말고 어떤 수행을 해야 한다는 결정적인 법화경식 수행지침이 법화경 안에는 전무합니다. 법화경은 깨달음에 대한 믿음을 주지시키는 반야부의 경들과 달리, 불·보살의 중생을 구제하겠다는 서원에 대한 '믿음' 즉 '신앙'을 극대화한 경전인 것입니다. 법화경은 이런 신앙의 극대화를 위해 다음과 같은 '겁나는' 표현도 종종 사용합니다. 제10 법사품 중에 나오는 내용입니다.

"만일 한 겁 동안에 항상 나쁜 마음을 품고, 성낸 얼굴로 부처님을 훼방하면, 한량없는 큰 죄를 얻으리라. 이 묘법연화경을 읽고 외고 지니는 이를 잠깐만 욕설하여도 그 죄는 저보다 더 크리라."

젊어서 이 대목을 처음 접했을 때는 참 당황했었습니다. 경전에는 이렇게 남을 비방하는 말은 전혀 없을 줄 알았기 때문입니다. 실은 법화경의 어떤 대목들은 불교를 비판하는 사람들이 본다면, 거의 악담과 협박을 연상할 수 있을 정도의 표현들이 있는데, 그 대목들은 차마 예로 삼기도 민망해 위의 것을 선택한 것입니다.

금강경과 법화경을 이렇게까지 노골적으로 대비시켜 설명을 하는 이유가 있습니다. 금강경 이후 법화경같이 소위 방편이라는 명목으로 감성적 신앙을 자극해 중생들을 유도하는 방식은 대승불교의 전형이 되다시피 했습니다. 그러나 신앙의 문으로 들어와(俗諦) 성숙된 후 점차 깨달음에 대한 절대 믿음(眞諦)으로 인도되는 이들을 현실 불교에서는 거의 보지 못했습니다. 말이 방편이지 법화경의 신앙적 믿음이 금강경의 깨달음에 대한 믿음으로 전환되는 경우가 매우 드물다는 뜻입니다. 역으로 금강경 독송을 다라니 주력(呪力)과 같은 신앙적 속내로 하는 이들이 늘어가는 현상이 벌어지고 있는 것입니다.

불자로서 어떤 문을 통해 들어왔건 '나는 붓다께서 얻으신 깨달음과 그 가르침을 따라야 한다'라는 마음을 단 한 차례도 발원해 본 적이 없다면, 이건 전적으로 한국의 승가가 책임져야 할 문제인 것입니다. 기복이든 구복이든 이 둘의 구별은 나중에 따져볼 일이고, 깨달음에 대한 믿음이 없다면 그 사람에게 불법이란 없는 것이고, 불법이 없으면 불자가 아니니 미래의 불교는 도대체 누구에게 연(緣)을 심어 주어야 한다는 말입니까?

그나마 다행인 것은 깨달음의 믿음에서 오는 신심은 불퇴전의 것이지만, 자신의 이익이라는 조건이 있는 신앙에서 오는 신심에 비할 바가 아니라는 사실입니다. 이 역시 법화경이 아닌 금강경에서 밝혀 주고 있습니다.

법화경같이 수 백 년에 걸쳐 결집된 경우, 경전의 성립 배경인 정치·사회·경제적 연구를 바탕으로 사상적 해석을 더하는 것이 '원칙'입니다. 그런데 한국불교는 이것이 전혀 안 되고 있습니다. 제가 이 책에서 내세운 주장들에 동의는 못하셔도, 적어도 이 원칙에 충실하려고 노력했다는 느낌만 가지셔도 저로서는 만족합니다.

　마침 이 원칙을 강력히 뒷받침하는 기사가 있어 정리했습니다.

　"해인사 고려대장경의 학문적·문화재적 가치를 세계에 알리는 데 앞장서 온 루이스 랭커스터(80) 미국 버클리대 명예교수가 〈2013 대장경세계문화축전 국제학술 심포지엄〉의 주제발표를 통해 고려대장경을 제대로 보존·연구·활용하기 위해서는 인문사회과학은 물론 자연과학·정보통신 기술의 참여가 필수적이라고 강조했다.

700년 이상 된 판전과 경판의 보존을 위해서는 목재학·유동학流動學·화학·곤충학·균학菌學·토양비료학·고고학·건축학 등의 도움이 필요하다는 것이다. 마찬가지로 고려대장경의 내용 연구를 위해서도 불교학·역사학·문헌학·철학·종교학·언어학·사회학·인류학 등 여러 인문사회과학의 참여가 필수적이다. 그는 '이제까지처럼 몇몇 학자가 협력하는 차원을 넘어서, 풀어야 할 과제를 분명하게 한 뒤 학문의 경계를 뛰어넘어 관련 전문가를 모두 끌어모아 팀을 구성해야 한다'고 말했다." (2013.9.4 조선일보)

열린 마음, 창의적으로 해석해야
열반경 속의 무상과 적멸

제행무상諸行無常 시생멸법是生滅法

생멸멸이生滅滅已 적멸위락寂滅爲樂

이것이 『열반경』에 나오는 무상과 적멸에 대한 게송입니다.

여기에 대한 설화가 있습니다.

붓다께서 전생에 설산(히말라야)에서 보살로 수행을 할 때, 나찰(귀신)이 '제행무상 시생멸법'이라고 하는 소리를 듣게 됩니다. 그런데 이 여덟 자는 고민과 의문만 더하는 결론이 없는 구절이었습니다.

그래서 전생의 붓다께서는 나찰에게 나머지 부분을 들려 달라고 요청합니다. 나찰은 이 부탁에 "나는 배고파서 더 이상 말을 이을 수 없다"고 답합니다. 붓다는 나찰에게 내 몸을 먹이로 줄 테니 나머지 구절을 들려 달라고 거래를 제안합니다. 거래는 성사되어 전생의 붓다는 나무 위로 올라가 나머지 구절을 듣는 즉시 뛰어내려 나찰에게 몸을 주기로 합니다. 나찰에게 몸을 먹이로 주는 대가로 듣는 말이 '생멸멸이 적멸위락'입니다. 이렇게 완성된 구절을 다시 새겨 보겠습니다.

제행무상諸行無常　일체는 항상한 것이 없으니
시생멸법是生滅法　이것이 나고 멸하는 이치이다.
생멸멸이生滅滅已　나고 멸하는 것마저 소멸해 버리면
적멸위락寂滅爲樂　이것이 적멸의 즐거움이다.

여기서 적멸은 열반과 같다 해도 됩니다. 그런데 이 구절로만 보면, 무상=생멸이라는 등식이 성립됩니다. 이 부분이 저로서는 상당히 아쉽습니다.

'제행무상'을 제법무아·열반적정과 더불어 삼법인三法印의 하나로 설명하는데, 무상無常을 단순히 생멸生滅로 단정해 표현해 내기에는 부족하다는 생각이 들기 때문입니다.

경전의 구절을 풀어 설명하는데, 이런 아쉬운 부분이 상당히 많습니다. 그 까닭은 경전의 성립 당시보다 후대에 많은 기간에 걸쳐 발전된 이론체계가 경전에는 반영되지 않았다는 당연한 이유 때문입니다.

또한 이런 '열린 마음'으로 경전을 푸는 스님들이 아주 드물다는 것도 큰 문제입니다. 말로만 불립문자不立文字를 주장하지 선사는 선어록에, 논사는 경전의 문자에만 100% 충실하지, '창의력'이 없기에 그런 현상이 계속되는 것이라고 생각합니다. 창의력은 곧 수행의 결과물인데 결국 자신의 독자적인 불교관이 부족한 데서 기인한다는 말과 같습니다.

용수와 세친을 거쳐 천태학을 창시한 천태지자 대사나 원효 대사의 회통불교, 의상의 법성게 같은 화엄교학 이것이 다 '창의력' 없이는 불가능한 일 아니었겠습니까? 그분들의 말씀이 무조건 다 붓다의 가르침에 부합하는가는 별개의 문제로 치더라도 말입니다. 이런 면이 한국불교의 미래를 어둡게 만드는 요소인 것입니다.

무상=생멸이 틀렸다는 말은 아닙니다. 생멸이 있다 함은 '시간적 제한'이 있다는 말이니 나찰의 게송은 당연한 말입니다. 하지만 연기적으로 분석하면, 생과 멸 사이에 진행 중인 행行들(12연기의 중간 단계들)과 정신 작용과 같이 생멸의 개념에서 제외될 수 있는 것들 중에도 즉, 시간적 제한에서 벗어난 것들도 '무상'에 해당될 수 있다는 말입니다.

인-연-연-연-연-연-과에서, 인을 생으로 보고 과를 멸로 가정할 때 무수한 연緣들도 '무상'에서 예외가 없게 하려면, 무상=생멸만 갖고는 곤란한 측면이 있다는 말씀입니다.

마음을 해부할 수 있는가?
중관과 유식

냉정하게 살펴보면, 붓다시대의 빔비사라 왕과 붓다 입멸 후의 나가르주나Nāgarjuna(기원전 2~3세기, 인도 중부 출신의 승려) 한자로는 용수龍樹라는 걸출한 사상가가 없었다면 현재와 같이 체계화된 불법을 접할 수 없었을 것입니다.

인도에서 용수가 태어난 시기는 부파불교가 한창 분파를 거듭해 자리를 잡아가고 있던 시기였습니다. 흔히 불교 공부를 하며 근본불교-부파불교-대승불교의 순서로 전개되는 것으로 배우는데, 맞습니다.

다만 각 사상의 발생과 소멸이 단숨에 이루어지는 것은 아닙니다. 100~200년이라는 짧지 않은 사이에 변화되는 것도 아닙니다. 부파불교는 붓다 입멸 후 100~400년 사이에 분열을 거듭했지만, 기원 전후의 대승불교 흥기 이후에도 무려 700년 정도를 건재했습니다.

용수가 본격적인 대승 사상을 전개한 시기는 부파시대의 종말이 시작된 시점이 아니라는 점을 유념해야 한다는 뜻입니다. 그래서 학자들은 인도에서의 불교 사상의 다양화는 서로 교류하기 어려울 정도의 지리적 환경에서 자생으로 형성되는 경향을 보였다는 의견을 내기도 합니다. 워낙 대륙이 넓다 보니 중국의 제자백가諸子百家 같은 다양한 사상이 독자적으로 구축될 수 있는 여건이 인도에서도 마찬가지로 적용된다는 말입니다. 공교롭게 중국의 제자백가 시대도 대체로 기원전 550년에서 기원전 250년쯤으로, 인도에서 붓다의 시대를 거쳐 부파불교 그리고 용수의 시대로 접어드는 시기와 거의 일치합니다.

제2의 붓다라고까지 칭송받는 용수는 부파불교의 소아적 관점을 넘어, 단숨에 세계적 종교로 도약할 수 있는 대승 사상을 정립하게 됩니다. 우리가 현재 쉽게 대하는 대승의 핵심 용어인 연기·공 등을 처음 사용한 논사가 바로 용수입니다.

용수의 불교 철학은 그가 저술한 중론中論의 중관사상으로 대표됩니다. 용수는 중론이라는 길지 않은 저서로 대승사상의 근본을 차원 높게 설명하고 있습니다. 이를 중관사상이라고 하는데 "연기緣起는 공성空性이고 중도中道다"라는 표현이 용수의 중론에 이미 있다면 놀라실 것입니다.

용수는 중론의 삼제게三諦偈로 일컬어지는 게송에서 다음과 같이 설파합니다.

인연소생법因緣所生法　인연이 생기는 진리는

아설즉시공我說即是空　공空이라 하며

역위시가명亦爲是假名　또한 가假라고도 하며

역시중도의亦是中道義　또한 이를 중도라 한다.

이는 공空·가假·중中의 삼제사상三諦思想으로 발전하여 먼 훗날 천태교학의 중요한 근거가 되기도 합니다. 이렇듯 용수의 사상은 지금 분석해 보아도 거의 완벽한 대승불교를 구현한 것입니다. 그런데, 용수가 말하는 공空의 개념을 연기의 성품을 해석한 것으로 인식하지 않고, 오히려 사람들이 공空을 '허무'로 받아들일 가능성이 더 크다고 주장하며 내세운 논리가 무착과 세친이 주창한 유식有識사상입니다.

무착無着과 더불어 바수반두Vasubanhu(바라문 족으로 설일체유부로 출가 후에 대승으로 전환)라고, 한역으로는 세친世親 혹은 천친天親으로 불리는 이 천재적인 논사는 북인도 브라만 출신입니다. 유식학을 완성한 무착과 세친은 용수보다 무려 500년 후대의 대승논사들입니다.

불교 시대별로 본다면 붓다 입멸 후 용수가 붓다의 정신을 계승하기까지 걸린 시간(약 300~400년)보다 더 긴 세월이 흐른 후 '공성空性의 오해'를 들고 나온 사상이 유식사상입니다. 사실 공空의 개념을 무착과 세친이 염려했듯이 '허무'나 '없음'으로 이해하는 사람은 불자 중에는 거의 없습니다.

어쨌든 두 논사는 공의 논리 대신에, 마음의 인식작용인 식識을 주체로 모든 불법을 설명하려 시도합니다. 간명하게 말하면 용수의 중론은 한마디로 공空으로 대변되고, 세친의 유식은 식識으로 대변됩니다. 유식은 그 출발이 중관을 비판하기 위한 사상이니 태생적으로 중관과 절대 양립할 수 없습니다.

자, 이제 두 뛰어난 사상에 붓다의 깨달음인 연기를 결부시켜 보겠습니다. 아시겠지만 연기는, 업이 연기의 주체라는 근본불교의 업감연기業感緣起에서 시작해서 유식학에 이르러 8식인 아뢰야식이 주체라는 아뢰야식연기阿賴耶識緣起를 거쳐, 대승사상의 최고봉인 화엄사상의 법계 자체가 모두 연기의 주체라는 법계연기法界緣起 혹은 중중무진연기重重無盡緣起 순으로 발전되었습니다.

세친이 유식학에서 말하는 아뢰야식 연기가 붓다께서 깨달으신 연기에 부합이 된다면, 후대에 더 깊은 식인 8, 9, 10, 11식까지 고려해야 할 까닭이 없습니다.

붓다의 사상을 후대에 보충할 필요가 없듯이 말입니다. 곧, 무착과 세친의 유식학은 용수의 중관사상에 비견될 수 없을 수준이라는 결론을 내릴 수밖에 없다는 것입니다. 그럼에도 한국불교의 외형을 보면 수행의 목적지는 중관의 공空으로 하는데, 수행의 방법론에 있어서는 유식을 들어 설명을 하는 모순에 빠져 있습니다.

유식학을 완성한 세친은 굳이 '족보'를 쫓자면 부파불교의 '설일체유부'에 뿌리를 두고 있습니다. 이 부파는 대승의 최상승법인 '아공법공我空法空'이 아닌 '아공법유我空法有'를 주장해서 유부有部라고 부르고 있습니다.

세친은 이 부파에서 대승으로 건너오긴 했는데, 결과적으로는 시작의 틀에서 벗어나지 못한 것입니다. 유부의 견해인 "나는 공空해도, 법은 공空하지 않고 실체가 있다"가 세친의 사상의 출발이자 종착지이기도 한 것입니다. 유부의 법유法有가 유식학의 유식唯識으로 변한 것이 다를 뿐입니다.

유식학 지지자들이 제 논리가 과장됐다고 주장할 것에 대비해 너무나도 뻔한 사실을 추가로 언급하겠습니다. 세친은 유식학 이전에 『아비달마구사론阿毘達磨俱舍論』을 집필한 사람입니다. 논서의 제목대로 법의 실체를 갈래갈래 분류하여, 오위칠십오법五位七十五法으로 정리한 상당한 영향력을 갖는 부파불교의 대표적 논서입니다.

간략히 『구사론』으로 불리는 이 논서는 산스크리트 본, 티베트 본, 한역본 2종이 현존하고 구사종이라는 단일 종파의 소의경전이 될 정도로 비중 있는 저술입니다. 그럼에도 이 논서의 한계는 법은 실체가 있다는 것을 기정사실화해야 75법으로 분류가 가능하다는 소승의 법유法有 논리에 묶여 있다는 사실입니다. 제 주장과 관계없이 중국에서 시작된 법상종法相宗 계열은 다 유식사상을 축으로 하고 있습니다.

유식학에 대해 좀 더 살펴보면, 유식사상도 공空을 다른 방식으로 설명한다는 주장도 있습니다만, 그건 앞에서 강조했듯이 애초에 공 자체를 부정한 유식학이 다시 공의 논리로 말한다는 해석 자체가 접근의 방식에 오류가 있는 것입니다. 설령 그 주장을 부분적으로 인정한다 해도 마음의 작용인 식識을 단계로 나누는 것은 유연해 보이지 않습니다.

저도 그랬지만 유식학을 처음 접하면 마음을 해부하듯 해 놓은 작업에 매료돼 꽤 정교한 체계라는 느낌을 충분히 받을 수 있습니다. 그러나 수행을 통해 마음의 겹겹에 직접 부닥쳐 보니, 유식의 체계가 상당 부분 인위적이고 이론적이라고 생각하게 되었습니다. 우리의 마음은 예상이 불가능할 정도로 미묘해 식識의 경계가 모호한 경우가 많습니다.

제 경험으로는 유식학의 제7식(분별, 사량식)과 8식인 아뢰야식(함장식)의 경계는 구별이 아주 어렵습니다. 마치 무지개의 일곱 가지 색깔 중 미세하게 '중간 색'이 존재하듯, 7식이나 8식이라고 단정 지을 수 없는 마음의 작용이 분명히 있다는 것이 제 경험입니다.

그리고 8식이 전변轉變하여 깨달음의 식이 된다는 유식학의 논리 역시, 그럴 경우 본래 더럽지도 않고 청정하지도 않은 근본 마음인 8식의 정체에 의문이 생깁니다. 그런 의문이 바로 여래장如來藏(8식 같이 여래의 경지에 이를 수 있는 마음)이라는 사상으로 그 미진한 부분을 보충하게 만드는 요소로도 작용하게 됩니다.

용수의 중론과 세친의 유식을 최종 정리하자면, 중론은 연기의 본질인 공을 추구하니 붓다의 가르침의 핵심을 설한 것이지만, 오히려 한참 후대의 사상인 세친의 유식은 부파불교의 연장에 불과하다는 것입니다.

이 문제로 유식학을 전공한 많은 학자들과 대화를 했습니다. 중관사상은 어려워서 전공학자가 손으로 꼽을 정도이고 해설서도 몇 권 안 되지만, 유식학 해설서는 수십 권 이상이 됩니다.

　해설서를 낸 유식학자들에게 집중적으로 해야할 질문은, 유식학자들은 유식唯識(오직 안다는 것, 오직 인식뿐)과 유심唯心(오직 마음뿐)을 같은 격으로 사용하는데, 그렇다면 유식의 '식識'과 화엄경의 일체유심조의 '심心'이 같다는 의미인가? 그렇다면 후대에 유식의 법상종과 화엄경의 화엄종이 분파될 명분이 없지 않은지를 질문해 봐야 합니다.

　놀랍게도 일부 유식학자들은 유식학의 식과 화엄경의 심을 같은 마음의 작용이라는 확신을 갖고 있었습니다. 이와 연관되는 종파에 대해서는 실망스럽게도 '종파는 별개의 문제'라는 주장뿐이었습니다. 너무나 자주 한국불교의 문제점이라고 핏대를 올리고 있지만, "현재에 전해지는 모든 경론은 내용과 당위성을 다 인정해야 한다"는 대범한 논리는 너무 심한 것 같습니다.

인류 최고 · 최상의 희망

여래장, 불성

여래如來라는 용어가 가장 빈번히 등장하는 경전은 화엄경입니다. 화엄경에서는 중중무진법계를 설명하며, 한 법계에서 중생을 제도하는 부처의 이름을 명확하게 밝히고 있습니다. 화엄경의 이런 표현을 빌려 서방정토 아미타불을 표현해 보면 이렇습니다.

> "…서쪽으로 10만 억 불국토를 지나면 하나의 불국토가 있는데 그곳의 이름은 극락정토라 한다. 극락정토를 다스리는 부처는 그 이름이 아미타여래 · 응공 · 정변지 · 명행족 · 선서 · 세간해 · 무상사 · 조어장부 · 천인사 · 불세존이니라.…"

이렇듯 여래라는 말은 우주에 변만한 무궁한 법의 세계, 곧 여여如如(연기와 상응하니 같고 같다는 뜻이 여여)한 법계에서 중생을 제도하기 위해 화신으로 나투셨다, 오셨다(來)라는 의미로 여래라 하는 것입니다. 여기에서 말하는 법계(法界)는 붓다께서 깨달은 연기에 어긋나지 않는 우주의 빈틈없는 곳곳을 포괄하는 말입니다. 이 자체가 대승불교의 상당히 깊숙한 사상에 도달한 것이기에, 여래라는 의미를 이해하려면 대승불교사상 특히 화엄사상을 잘 알아야 합니다.

여래에 감출 '장(藏)'을 붙인 여래장이 유식에서 말하는 가장 깊은 식 8식인 아뢰야식이 발전한 것이라고 주장하는 학자도 있습니다. 그러나 그렇지 않습니다.

여래장의 개념은 중생도 모두 성불할 수 있다면 그 씨앗이 있을 것이라는 가정에서 시작하여, 그 씨앗이 바로 우주(법계)와 하나인 '나(我)'에게, 또 모든 중생에게도 있으나, 다만 욕망과 번뇌의 구름에 가리어 존재를 드러내지 못하고 숨어 있기에 장(藏)(숨을 장)을 덧붙여 여래장이라고 부르는 것입니다.

불성(佛性)은 부처의 성품이라는 뜻으로 여래장과 근본 의미는 같습니다. 그러나 여래장과 불성은 경전에서는 분명히 다른 용도로 쓰이고 있습니다. 말이 나온 김에 여래장과 불성을 가름해 보겠습니다. 여래장은 유식사상이 정립된 시기와 거의 유사한 기원 후 300년 경의 대승경전인『여래장경(如來藏經)』에 처음 등장하고, 불성은 그보다 100여 년 뒤인 400년 경 편찬된『대반열반경(大般涅槃經)』에 "일체의 중생은 불성이 있다"는 말로 처음 등장합니다.

여래장(如來藏)과 불성(佛性)이야말로 대승적인 발상의 종착점이라 해도 틀리지 않을 것입니다. 이 둘이 우리에게 내재하기에 부처를 이룰 수 있다는 결론이 가능한 것입니다. 아마 수많은 대승불교의 논사들이 이 문제를 궁구했을 것입니다. 그래서 각 논설論說들이 신앙성과 합쳐져 꽤나 복잡하게 전개됩니다.

여래장은 여래의 경계 즉 깨달음의 세계, 완전한 무결점의 세계에서 보는 중생의 성품을 말하는 것입니다. "너희도 무결점이 될 수 있다. 다만 그 성품은 깊이 내재되어 감추어져藏 있다"라고 깨달음의 세계에서 우리에게 희망을 주는 말입니다. 즉, 여래장이라고 말하는 주체가 부처(역사적 인물인 붓다와 신앙적 부처를 구별하기 위해 '부처'라 씀)라고 생각하고 용어를 이해하시면 됩니다.

불성은 부처의 성품이 있기에 언젠가는 부처가 될 수 있다는 의미입니다. 이 불성은 중생의 입장에서 부처의 세계로 들어갈 수 있는 성품이기에 예비부처로서의 자격이 있다는 의미로 불성佛性을 논할 수 있는 것입니다. 지금은 중생이지만 우리의 마음에는 부처의 단계에 들어갈 수 있는 종자성種子性인 불성이 있기에 성불이 가능하다는 말입니다.

여래장과는 달리 중생이 '나도 부처를 이룰 수 있는 성품이 있다는 가능성과 희망을 스스로 찾는 용어'가 불성이라는 말씀입니다. 곧, 불성이 있다고 말하는 주체가 부처가 아닌 중생인 것입니다.

밀교, 특히 선불교에서 "중생은 이미 부처다", "네가 이미 부처인 것을 아는 것이 깨달음이다"라는 단정은 실은 붓다의 의도와는 거리가 있습니다. 어느 경전에도 이런 사상을 확인해 주는 대목은 없습니다. 법화경에서 붓다께서 수기授記의 형태로 "장차 너희들도 부처를 이룰 것이다"라는 내용은 신앙인 믿음을 중요시 하는 법화경의 특성에 기인하는 것입니다.

여래장과 불성이 갖는 가장 큰 의미는 열심히 정진하고 수행하면, 누구나 결국은 성불을 할 수 있다는 근원적 인因을 분명히 하는 데 있습니다.

법화경을 제외한 거의 모든 경전이 중생들에게 전하고자 하는 내용은, 붓다의 가르침을 잘 분별하여 따르라는 내용과 마음을 닦아 가는 방법에 관한 것들입니다.

이런 맥락에서 한국의 선사들에게 아쉬운 면이 있습니다. 선방에서 목숨을 걸고 수행하는 일이 본분인 출가자의 격에 맞는 법문을, 세간의 이익과 부닥쳐 살아갈 수밖에 없는 재가 불자들에게도 똑같이 적용을 시켜 법을 설하기에 현실적 감각의 부족함을 느낄 수도 있다는 점입니다.

예를 들어 재가 불자들에게 "네가 이미 부처다"라고 말하는 것은, 듣는 상대에게는 "난 아직 아닌데"라던가 "그래서 나보고 어쩌란 것인가?"라는 화두도 아닌 의심만 일어나게 할 수도 있습니다. 또한,

"시비를 가리지 말고 분별심을 버려라"라는 말도 출가자에게나 해야 될 말이지, 모진 세상을 살아가는 불자들에게는 도무지 실천할 수 없는 부담만 주는 말인 것입니다. 더욱이 붓다께서 깨달으신 연기緣起와 스님들이 불자에게 말하는 이런 식의 설법이 '합치'하는지도 의문입니다.

붓다께서 재세 시 특정 수행자 무리를 외도라 배척하신 것 역시 과연 '시비분별'을 떠난 마음에서였을까요?

고통이 피워낸 희망사항

정토사상, 미륵사상

우선 흥미로운 자료부터 보겠습니다.

"신앙 깊다" 7년새 9%P↓ 무신론자 3%p↑
종교 신자는 줄어들고 무신론자는 증가하고 있는 것으로 나타났다.

윈 갤럽이 2011년 11월부터 2012년 1월까지 57개국 5만 1,927명
을 상대로 설문조사한 결과를 8일 발표했다.
조사 결과 "신앙심이 깊다(I'm religious)"고 응답한 사람은 59%로 나
타났다. 이는 지난 2005년 같은 조사 당시 68%에서 9% 포인트 급
락한 수치다.
스스로 '무신론자'라고 답한 사람은 2005년에 비해 3% 포인트 상승
한 13%로 나타났다. 이에 대해 갤럽은 종교계의 잇단 스캔들과 경

제 성장에 따른 물질적 풍요가 이유 중 하나라고 분석했다.

가장 종교적인 국가는 가나로 96%가 '신앙심이 깊다'고 답했다. 이어 나이지리아(93%), 피지·아르메니아(92%), 마케도니아(90%) 순으로 나타났다.

대륙별로는 아프리카가 가장 종교적이었다. 응답자의 89%가 신앙심이 깊다고 답해 1위에 올랐고, 이어 라틴아메리카(84%), 남아시아(83%), 아랍(77%), 동유럽(66%), 북아메리카(57%), 서유럽(51%), 동아시아(39%), 북아시아(17%) 순으로 조사됐다.

무신론자가 가장 많은 국가는 47%를 차지한 중국이다. 이어 일본(31%), 체코(30%), 프랑스(29%) 순이었고 한국도 15%로 독일과 함께 5위에 올랐다. 한국 응답자 중 신앙심이 깊다고 답한 사람은 52%, 그렇지 않다는 31%로 나타났다.

인간이 보편적으로 추구하게 되는 이상세계가 정토사상과 미륵사상이라고 여겨집니다. 현재의 우리는 일상 속에서 극락정토를 염원하는 마음을 내기가 쉽지 않을 것입니다. 정토는 현실이 지옥과 같고 도무지 나아질 것 같은 희망이 없을 때 그리는 보편적 '희망사항'이라고 생각됩니다. 실제로 정토 사상이 번영했던 시절은 대개 극단적 변화와 절망의 시대였습니다. "이상향인 그곳 정토에 가면 고통은 사라지고 지극한 낙樂(極樂)만이 있을 뿐이다." 이것보다 더 현재의 고통에 위안이 되는 사상이 무엇이 있겠습니까?

더욱이 불교는 삶을 고해의 바다라고 했고 생각 자체를 번뇌로 여겼으니, 현생에서는 고통에서 벗어날 방법이 없다고 생각을 한 사람들에게는 아주 매력적인 세계가 정토였을 것입니다. 게다가 불교의 종착인 깨달음을 극락정토에만 가면 저절로 이룰 수 있다고 하니 마다할 이유도 없었을 것입니다. 그러니, 많은 논사들이 인간이 보편적으로 떠올릴 수 있는 극락정토를 거론했고, 현실에 고통 받는 중생들의 적극적인 지지를 받고 번창해 나갔을 것입니다.

앞의 자료를 보면 예상을 벗어나는 점들이 있습니다. 오차를 염두에 둔다 해도 아프리카인들이 가장 종교적이라는 것이 놀랍습니다. 90%를 상회하는 종교성은 단순히 유럽의 제국주의자들의 식민지와 선교의 결과라고만 단정하기에는 곤란한 측면이 보입니다.

아마 이 조사에서 말하는 '종교'가 그들의 토속 신앙을 포함하는 것인지도 모르겠습니다만, 그 경우 그들은 정신적으로 아직 샤머니즘 수준에 머물러 있다고 가정해야 하는데, 이 가정 역시 틀릴 가능성이 높습니다. 어쩌면 가장 고통의 대륙인 아프리카에서는 정토와 같은 종교적 신념이 '보편성'을 띠게 되는지도 모르겠습니다.

조사 결과 중 수긍이 가는 부분은 무신론자의 증가세입니다. 종교의 타락이 큰 몫을 했을 것입니다. 게다가 신이 세상을 창조했다고 교육을 받는 사람이 현저히 줄어드니 그 역시 한 몫을 했을 것이고, 인간의 지적 발달과 과학적 성과가 무신론의 보편적 가치를 높여 주었을 것입니다.

이런 면에서 불교는 사실 엄청난 호시절을 만났었습니다. 한국의 경우 불과 10여 년 전만 해도 무신론자, 무종교인은 분명히 불교적

성향을 내재하고 있었습니다. 그러나 불교는 무신론적 종교이며 인간의 본성을 탐구하는 품격 높은 종교로서가 아니라, 그저 '종교는 다 마찬가지다'라는 왜곡된 확신만 심어주었습니다.

물론 이것은 이익집단으로 타락한 승가와 그 구성원의 수준 미달에 전적인 책임이 있습니다. 불교는 '지금', '나와 우리'의 문제를 논하고 풀어나가야 하는 실시간의 종교여야 합니다.

붓다께서도 바로 이 당위성 때문에 평생을 길에서 사시며 길에서 열반하신 것입니다. 그런 측면에서 보면 정토의 개념은 붓다의 의도와는 거리가 있을 수 있다고 여겨집니다.

미륵사상은 구세주 사상과 정확히 일치합니다. 그 어원도 마이트레야Maitreya로 기독교와 불교가 공유하는 단어입니다. 정토가 지긋지긋한 현세에서 벗어나 다음에 가고 싶은 곳이라면, 미륵과 구세주는 세상의 종말을 염두에 두고 있는 것이 그 차이입니다. 문제는 인류는 세상의 종말을 2천 년 이상 외쳐왔으나 아직 종말의 징후는 보이지 않고, 앞으로도 정말 종말이 올 때까지 구세주의 개념은 사라지지 않을 것이라는 점입니다. 정토는 내가 능동적으로 찾아가야 할 곳이라면, 미륵은 내가 무한한 인내심으로 기다리면 오는 것이 다를 뿐입니다. 둘 중 선택을 강요받는다면 인간의 수명을 생각해서 저라면 정토를 택하겠습니다.

제5장

붓다의 깨달음,

수행이 희망이다

일어나는 마음만 집중 관찰하라

사념처와 위빠사나

제가 관법觀法 수행 중에 정定을 경험한 방법은 이렇습니다. 일어나는 마음 자체만 관觀하고(찰나에), 관함과 동시에 생각의 티끌까지 공空 속으로 던져버린다(역시 찰나에, 공 속으로 던진다는 의미는 미련 없이 단호히 버린다는 마음도 내지 않는 것)고 집중을 해야 합니다.

그런데, 이 찰나 관觀을 하다 보면, 찰나 생生 된 마음에서 '정지' 상태가 올 때가 분명히 있습니다. 영화 필름을 연속으로 보다 마치 정지 화면을 보듯이 말입니다.

이때는 명확한 적정寂靜의 상태이고, 삼매라고 해도 됩니다. 가끔씩 반복되는 이 상태는 시공時空을 떠나, 언제 얼마만큼의 시간 동안 지속되는지 당시에는 잘 인식할 수 없습니다. 하지만 이 상태가 '정'인 것을 당사자는 명확하게 알 수 있습니다. 몸은 거의 무중력 상태와 같아 무게감은 물론 어떤 물질적 느낌도 받지 않습니다.

오히려 육체를 이루는 낱낱의 세포가 우주의 원자들과 하나가 되어 마치 '춤추는 듯한' 묘한 느낌을 갖게 됩니다. 마음은 지극히 안온해 일체의 생각 자체가 아예 일어나질 않습니다. 오직 무한한 법계와 내가 구별이 없다는 경계에서 '환희'만이 남게 됩니다. 그런데 안타깝게도 평생 이 경계에 들어가 본 경험이 두 번밖에 없습니다.

관법觀法 수행과 관찰 수행은 또 다른 면이 있습니다.

관찰 수행은 위빠사나vipassanā가 대표적인데, 대상을 주체와 객체로 분리해서 알아차림을 지속적으로 해 나가는 수행법입니다. 관법 수행과는 집중해야 할 상대가 전혀 다르고, 집중한 후의 '처리'도 전혀 다릅니다.

위빠사나에 의한 몸 관찰을 예로 들면 감각기관에서 일어나는 대상과 마음을 관찰하는 것입니다. 이 관찰을 요즘은 주로 '마음 챙김'이라 부르고 있습니다. 관찰 수행도 오감五感의 감각기관을 너무 자극하는 번잡한 장소에서는 사실상 실수實修가 어려운 수행법입니다.

제가 아는 한 사람은 정통 위빠사나 수행을 정말 열심히 하는데, 한 달씩 공동 수행도량에서 단식까지 병행할 정도로 정진을 했습니다. 그런데 그 부인이 어느 날 제게 하소연을 하더군요.

남편 건강이 염려되고, 더욱 오랜만에 남편이 집에 오면 TV는 아예 못 보고, 전화 벨소리도 진동으로 해야 하고, 친척이나 친구가 집에 오는 것은 엄두도 못 내고, 말하자면 자신의 감각기관에 닿는 대상을 '억지로' 줄이는 데만 신경을 쓰니, 이런 남편 때문에 도무지 자신의 삶은 감옥보다 더한 고통의 세계라고 눈물까지 내보였습니다.

"그래도 깨달음을 얻고자 하는 노력이고, 한 고비만 넘기면 달라질 것"이라고 위로해 주었지만 참 속상하더군요.

이래서 위빠사나가 스승 없이도 아무 데서나 할 수 있는 '대중적' 수행이라는 주장은 문제가 있다는 말입니다. 간화선같이 격리된 장소가 필요한 것은 마찬가지라는 것이지요. 더욱이 위빠사나가 붓다께서 깨달음을 이루신 수행법이라고는 여겨지지 않습니다.

그래서 저의 이런저런 경험을 바탕으로 이러한 병폐를 극복할 방법을 고민하다가 현대인에 맞게 관법을 만들었습니다. 방법은 일체의 생기되는 대상에는 신경을 쓰지 말고, 오로지 대상에 의해(반연攀緣되어) 일어나는 '마음'만 관觀하는 것입니다.

여러분도 조금만 노력하면 아주 재미를 느낄 수 있는 수행법입니다. 굳이 사념처와 대비를 하자면, 사념처 중 오직 심념처心念處, 그 속에서도 현재에 '일어나는 마음'만 집중 관찰하자는 것입니다. 사실, 8정도의 하나인 정정正定은 사념처 중 이 심념처心念處를 발전시킨 수행법이라고 해석할 수도 있습니다.

또한, 사선정四禪定은 사념처 중 심념처를 다시 세분화한 수행이라는 것이 제 생각입니다.

간화선이 발생하기(1,300~1,400년경 중국의 대혜 선사가 주창함) 전까지의 수행법은 단지 '마음을 관조 혹은 묵조하는 선禪'이었습니다.

어쨌든 자신의 마음을 어떤 방식으로라도 스스로 관찰하고 점검하는 일은 다 수행이라 할 수 있습니다. 더욱이 불자라면 인생에서 가장 의미 있고 중요한 일이라는 것은 말할 필요도 없습니다.

여러분들도 어떤 형태로든 자신의 마음을 관찰하고 관조(照見)하는 것을 일상화해야 합니다.

요즘 갑자기 '힐링healing'이 대유행입니다. 저는 얼마 전까지만 해도 feeling(느낌)의 우리말인 힐링인 줄 알았습니다. (마음의) 치유라는 의미의 힐링이더군요.

명상도 역시 인기가 높아갑니다. 그런데 이것을 불교의 수행과 연관시키는 것은, 불교 전통수행을 전혀 모르기 때문에 생기는 넌센스입니다. 힐링이나 명상은 마음의 가장 전방에서 정화되지 못해 욕망과 시비를 그대로 갖고 있는 '감정'이, 바깥의 대상과 마주칠 때 일어나는 '감정'을 수용하는 타협안을 제시해 주는 수준의 감정 다스림을 익히는 것입니다. 이 정도를 수행이라 할 수는 없고 '마음 정화 혹은 순화'라면 충분해 보입니다.

세상이 얼마나 얄팍해졌는지 본격 수행을 말하는 스님들보다, 수행을 예능 다루듯이 '힐링' 수준에서 말하는 탤런트화 되어가는 스님들에게 사람들이 모이니, 이런 현상을 '기적'이라고 말하는 것인가요? 아니면 불교의 깨달음이 '마음 정화학(淨化學)' 수준으로 곤두박질한 것인가요? 도무지 구별이 안 갑니다.

사람에 따라 수행법도 달라야 한다

위빠사나와 간화선

위빠사나 수행을 주수행으로 삼는 절이나 명상을 지도하는 단체가 꽤 늘어가고 있습니다. 위빠사나 수행은 미얀마, 스리랑카 등 남방불교권의 주된 수행방법입니다. 그들은 위빠사나야말로 붓다께서 정각正覺을 이루신 유일한 수행법이라고 확신합니다.

한국에 위빠사나 수행이 전해진 시기는 1988년 전 세계 위빠사나 전파의 원조격인 미얀마의 마하시 스님(1904~1982)의 제자이며, 마하시 수행센터[미얀마의 양곤에 있는 동시에 3,000여 명이 수행할 수 있는 규모로 전 세계에 40여 개의 분원을 두고 있을 정도로 유명한 수행 도량입니다]의 원장인 미얀마의 승려 우 빤디따가 삼각산 승가사에서 30여 명의 한국 스님들에게 21일 동안 위빠사나를 지도하신 것을 계기로 삼는 것이 일반적입니다.

불교가 인도에서 발생하여 그 전파 경로가 인도–중국–한국–일본으로 이어지는데 이를 북방불교라 하고, 인도-스리랑카-미얀마, 태국 등의 경로로 전해진 불교를 남방불교라 합니다.

흔히 북방불교를 대승불교라 하고 남방불교는 무조건 소승불교라는 잘못된 생각을 하고 있는데 이것은 말 그대로 큰 오해입니다.

불법을 실천하는 정신에는 대승과 소승을 편의상 구별하여 설명할 수 있을지는 몰라도, 남방불교를 모두 소승불교라 말하는 것은 아주 큰 병폐입니다. 내면을 보면 한국불교야말로 대승이라 큰소리치지만, 도리어 소승불교도 제대로 실천하지 못하고 있는 형편입니다. 소승은 혼자 깨달음을 추구하고 다른 이는 구제할 생각을 하지 않는다는 것이 대승 쪽의 비판인데, 한국불교가 어디 제대로 혼자라도 '깨달음'을 강렬히 추구하는 것처럼 보입니까?

더욱이 소승의 깨달은 자인 독각獨覺을 모신 독성전이 있고, 스님들과 신도들도 그 독각에 예배하고 기도를 하는 게 현실인데, 한국불교가 무슨 대승불교 운운하며 그들을 소승이라고 폄하할 수 있는 자격이 되는가 말입니다.

이것은 겉으로 드러난 사정이고, 잘 드러나진 않지만 수행의 측면에서 조계종에서 인정하는 유일한 수행법인 간화선과 남방의 위빠사나를 비교해 보는 것도 의미 있는 일이 될 것입니다.

이 문제는 위빠사나 수행법을 이해하셔야 설명이 가능하니, 지금부터 간단하게 위빠사나 수행법을 설명 드리겠습니다.

위빠사나vipassana는 아함부 경전 중 『대념처경大念處經』이라는 경에 의지합니다. 부처님도 하셨다고 주장하는 이 위빠사나 수행법은 한마디로 '마음 챙김'입니다. 순간순간 일어나는 자신의 마음을 '알아채는' 수행법입니다. 위빠사나 수행을 어떤 이는 육조단경 좌선품에 나오는 생각생각 중에 자성의 청정함을 관찰하라(念念中 自見淸爭心)와 유사한 수행으로, 마음의 본성을 관하는 돈오적(頓悟的) 수행이라고까지 확대 해석하는 오류를 범하기도 합니다.

위빠사나의 '마음 챙김' 대상은 몸·느낌·마음·법(身·受·心·法)의 네 가지입니다. 이를 사념처라 하는데 다음과 같습니다.

첫째, 신념처(身念處): 자신의 몸을 부정(不淨)하다고 관하는 것입니다. 이 관법은 육신의 욕망을 제어하는 데 제일입니다. 즉, 이성을 보고 성욕이 일어나면 그 이성을 욕망의 대상이 아니라 나의 신체는 똥, 오줌, 고름, 가래 등으로 가득하다고 마음을 챙기는 것입니다.

둘째, 수념처(受念處): 안·이·비·설·신·의(육근六根)의 감각의 느낌들이 '고(苦)'라고 관찰하는 것입니다. 즉, 어떤 비싼 옷이 좋아서 입고 싶은 욕심이 나면 그 옷을 생각하는 마음을 돌려, 입고 싶어 하는 마음 그 자체를 알아차리는 것입니다. 그러면 그 옷을 꼭 입어야 하는 이유가 사실은 허망한 마음이라고 마음을 챙길 수 있습니다.

셋째, 심념처(心念處): 마음을 무상(無常)하다고 관하는 것입니다. 여기에서 무상은 '항상한 것은 없으니 지금 순간에 집착하지 말라'는 의미이지, 내게 내재한 불성까지도 허망하다, 덧없다, 가치가 없다는 말은 절대 아닙니다.

한국불교의 신도들에 대한 근시안적 설명법의 문제 중 하나이지만 무상을 대부분 허망하거나 가치가 없다는 식으로 설명해 놓으니,

불교를 모르는 이들은 '불교는 허무주의 종교다'라고 오해할 빌미를 주는 것입니다.

심념처의 핵심은 지금 이 순간 내가 확신하고 있는 마음도 사실은 영원히 그런 마음을 가질 수 있는 근거가 없다는 것이고, 이것은 다시 말해 나의 지금의 확신이 언젠간 바뀔 수도 있다는 것을 '마음으로 챙기는 것'이라는 말씀입니다.

넷째, 법념처法念處: 제법諸法이 무아無我라고 관하는 것입니다. 앞에서 언급한 적이 있지만 '제법무아'야말로 불교의 기본명제인 삼법인三法印 중 가장 핵심적인 말입니다. 즉, 우리가 '이것이 진리다, 저것이 진리다'라고 생각하는 그 법이 사실은 실체가 없다는 사실을 관하는 것이 법념처인데, 너무 어렵고 설명을 하려면 저도 난감하니 이 정도로 넘어 가겠습니다. 다만 법념처의 목표인 제법무아는 반야심경의 공空과 둘이 아니라는 사실만은 기억해 두십시오. 위빠사나 식으로 설명하면 '진리에 집착하지 말고 진리를 추구하는 현재의 그 마음을 챙겨라'입니다.

위빠사나 수행의 핵심인 사념처에 대한 제 설명을 보시고, 간화선을 수행하시는 분들은 위빠사나에 과한 평가를 했다고 하실 것 같고, 위빠사나를 수행하시는 분들은 설명이 추상적이고 세밀하지 못하다고 책망하실 것이 염려가 됩니다.

솔직하게 말씀드려 저는 간화선만 하는 수행자도 아니고, 또 위빠사나 수행만을 하는 수행자도 아니니 당연히 그런 말을 들어도 변명할 처지는 못 됩니다. 다만, 저는 한국불교에 이 점만은 꼭 밝혀

두고자 합니다.

간화선의 몰록 깨닫는 돈오법이 아니면 수행의 가치가 없다는 쪽에 대해서는, 중국 송나라의 대혜종고大慧宗杲(1089~1163)에 의해 제창된 간화선법으로 온전한 깨달음에 이른 사람이 1,000여 년 동안 몇 명이었는지 되묻고 싶습니다.

간화선의 병폐로 무늬만 선禪을 추구하는 무리가 양산되고 있는 작금의 현실, 그리고 깨달음의 100점짜리 간화선을 수행해도 10점 밖에 이룰 수 없다면, 위빠사나가 설령 50점짜리 수행법이라도 20점을 받을 수 있는 수행방법 중의 하나라면 엄밀히 말해 오히려 사람에 따라 권장해야 되지 않을까 생각되어 집니다. 더욱이 위빠사나를 간화선법에 대항하는, 더 나아가 간화선법을 가로막는 열등한 수행법이라고 매도해야 할 근거는 전혀 없다고 생각합니다.

이번엔 위빠사나의 입장에서 간과해서는 안 되는 점은, 간화선은 실제 경전에 있는 부처님의 수행법이 아니고 방편으로 나온 수행법이고, 위빠사나는 대념처경 등에 분명히 있으니 '이것이 성불成佛의 수행법이다'라고 확대 해석하는 것도 곤란하다고 여겨집니다.

그리고 일반불자들이 쉽게 접할 수 있는 방법이 최고의 수행법이라는 생각도 버려야 한다고 생각합니다. 쉽고 편리한 것이 우리에게 항상 최고를 보장해 주지는 않는다는 사실이 수행법에도 적용된다는 말씀입니다.

조계종이 남방불교에 큰소리 칠 수 없는 정도를 넘어 '치욕적'인 사건이 있었습니다. 조계종에서 오늘도 분쟁의 중요한 요인으로 등장하는 '구족계' 수계의 유무의 문제입니다. 구족계를 수지해야 비로소 비구로서 승가의 일원이 되지, 그렇지 않으면 만년 사미로 사부대중 측에 끼지도 못한다는 것입니다. 아시다시피 조계종은 소위 승단 정화 이후(이승만의 말 한마디로 대처승들로부터 전국의 대부분의 본·말사를 인수하게 된 후) 급하게 한국 최대의 종단이 되었습니다.

　그런데 이런 과정에서 율장에 따른 구족계를 제대로 받은 스님이 조계종에 사실상 없었습니다. 고육지책으로 1973년 비구로서의 상좌부 율맥을 이어온 태국의 스님들을 모셔와 구족계를 수계하여 율맥을 복원하게 됩니다. 여기에 개인적 의견을 내는 것은 불필요한 오해를 살 소지가 충분하니, 사실을 뒷받침해 주는 기록을 간략히 소개하는 것으로 그치겠습니다.

　"한국불교는 승단 정화 이후 심각한 문제에 봉착했다. 비구라면 구족계를 받아야 하는데 구족계의 계맥이 단절되었기 때문이다. 이 문제를 해결하기 위해 태국의 고승을 초청하여 구족계를 받기로 결정했다. 그리하여 태국의 고승들이 한국에 와서 남방 전통의 구족계를 수여했다. 이것은 한국불교 교단사에서 크나큰 사건이 아닐 수 없다.

다시 말해서 한국불교 교단사에서 빼놓을 수 없는 사건이 바로 한국의 승려들이 상좌불교 국가인 태국의 고승들을 초청하여 상좌부 전통의 비구계를 받았다는 사실이다. 이 때문에 태국의 장로들은 한국불교의 승단에 태국의 계맥을 전해 준 것에 대해 매우 자랑스럽게 생각하고 있다. 이에 대하여 『세계불교에서의 태국불교(Thai Buddhism in the Buddhist World)』라는 책에 다음과 같이 기술되어 있다.

'스님들이 다른 불교국가에서 학업을 추구하도록 파견돼 왔다. 최근 몇 년간 상좌부 불교에 대한 관심이 증가하고 있다. 한국 승단은 한국 스님들을 상좌불교 국가들로 보낼 뿐만 아니라, 자국 내에서의 상좌부 수계도 환영하고 있다. 1973년(불기 2516년)에 태국 상좌부 스님들이 서울에서 수계식을 열기 위해 초대를 받고 가서 약 마흔 분의 한국 스님들을 상좌부 계단에 맞아들였다."'

(불교평론 44호, 2010년 가을호 마성 스님)

간화선 제일주의 이대로 좋은가?

간화선

불교가 중국에 전래된 후 거의 천 년이라는 긴 세월이 지난 당말·송대인 10~11세기에 가장 중국적이면서도 독특한 불교가 출현하게 되는데 바로 선불교禪佛敎입니다.

중국 선종의 발달은 이미 제자백가諸子百家나 도가道家사상 등으로 정신적 사유의 방법론에 있어서는 독자적인 입장을 견지하고 있었기에, 불교를 언어가 아닌 직관으로 통찰하려는 방법론의 출현이 필연적인 측면도 있었을 것입니다.

중국의 선은 임제종臨濟宗, 위앙종潙仰宗, 조동종曹洞宗, 운문종雲門宗, 법안종法眼宗의 소위 선종오가禪宗五家로 나뉘어 발전하게 됩니다.

우리나라에 절대적인 영향을 끼친 선종은 임제종으로, 조계종에서 유일하게 공인된 선수행법으로 인정하는 간화선을 주창한 종파입니다. 간화선看話禪은 묵조선默照禪 등 과거의 참선법을 비판하며 대혜종고大慧宗杲(1089~1163)에 이르러 크게 성행하게 됩니다.

대혜의 간화선은 조주趙州의 '무無' 자 화두를 통해 가르쳐졌고, 고려의 지눌知訥이 대혜의 간화선을 받아들였다고 전해집니다.

지눌은 선禪과 교敎가 복합된 사상을 주창하였는데,『간화결의론看話決疑論』을 통해 간화선의 우수함을 주장하였습니다. 지눌은 여기서 한 걸음 더 나아가 한국 선의 사상적 핵심이자 특징이 되고 있는 사교입선捨敎入禪의 원류를 제시하였습니다.

간화선의 생명은 활구活句 화두를 참구하여 몰록 깨달음을 증득하는 것에 있습니다. 지눌 이후 간화선은 휴정休靜의『선가귀감』으로 맥을 이어 오늘날에 이릅니다.

최근에는 오직 화두 타파를 목표로 삼는 간화선의 형식 논리에 비판이 쏟아지기도 합니다. 가장 큰 문제로 스승과 제자 사이의 선문답으로 사자상승師資相承되어야 하는 것이 간화선의 생명인데, 화두를 이끌어 줄 큰 스승인 선지식의 부재를 논합니다. 아주 뼈아픈 부분입니다.

또한 간화선 수행자들이 다른 수행자들에게 배타적이고, 붓다의 깨달음을 추구하는 수행자치고는 이타행과 자비심이 부족하지 않느냐는 지적도 있습니다. 그리고 교학과 계율을 무시하는 듯한 선사들의 언행(선가에서는 이를 무애행이라고 한다지만)을 염려하는 시각도 있습니다.

간화선 이전에 실은 수승한 선수행법이 없었던 것은 아닙니다. 일찍이 통일신라의 무상無相(680~756) 스님은 한국인 최초로 중국에서 선을 공부한 분입니다. 그 선법禪法은 염불선念佛禪인데 고려, 조선을 거쳐 근대에는 경허鏡虛(1846~1912) 선사가 염불선을 간화선과 동등한 위치의 수행법으로 인정하셨습니다. 가장 최근의 대표적 염불선사로는 2003년 열반하신 청화 스님이 계십니다. 스님은 40년 동안 장좌불와를 하실 정도로 깊은 수행력을 보이셨습니다.

통불교라고 하는 한국불교가 유독 선법禪法에서는 간화선 제일주의를 고수하고 있는데 이제부터라도 간화선의 독점보다, 각기 근기에 맞는 수행법을 인정해 주는 것도 필요하다고 여겨집니다. 제 개인적 의견이지만 염불선이 좀 더 연구되고 보급되기를 바랍니다.

보면 사라진다

마음 관찰하기

본격적인 마음 수행의 실수법實修法을 하나 소개해 드리겠습니다. 붓다의 가르침에 충실하되 실제로 여러분이 마음의 존재감을 느끼게 만드는 것이 실수實修 마음 관찰의 목표입니다.

"마음은 본래 공空하다"라는 인식이 각인된 상태에서, 대책 없이 화두를 들거나 위빠사나를 하라고 하면, 당사자는 마치 없는 귀신의 뿔을 찾으라는 듯한 밑도 끝도 없는 말의 난감함에 한 발자국도 움직일 수 없습니다.

"마음이 공한 건 본인이 직접 느껴야지, 그게 정답이니 그리 알아라"라고 강조한다고 공부가 되는 것이 아닙니다. 수행을 이끄는 선사나 명상을 지도하는 스님들이, 이 부분을 세심히 배려하고 점검을 해 주어야 합니다.

마음 관찰하기의 제1 과제입니다.

이 글을 읽는 순간 이후, 한 가지 관찰에만 신경을 씁니다. 그냥 평상시대로 말하고, 행동하고, 생각하고, 달라지는 것은 없습니다. 단, 자신이 '어떤 마음'에 취약한 지를 발견해 내야 합니다. 보통은 탐·진·치 삼독三毒을 대표적 취약처로 거론합니다만, 이것보다 더 구체적이고 세밀하게 찾아내야 합니다.

탐貪을 예로 봅니다. 욕심의 본질을 '의식'하며 성취하려고 하는 마음들을 추적하면 그 마음의 움직임은 마음 관찰이지 욕심을 내는 것이 아닙니다. 그런데 아무리 욕심이 많아도 우리 생각의 100%를 탐욕심으로만 채울 수는 없습니다.

즉, 처음으로 여자와 사랑하고 싶다는 '성욕'이 발동했다고 가정합니다. 내가 아무리 간절히 바란다 해도 '성욕' 때문에 다른 일들을 일단 보류해 놓거나 포기하지는 않을 것입니다.

여러분도 마찬가지입니다. 그리고 이런 상황은 다른 욕심에도 대체적으로 적용될 것입니다.

스마트 폰을 바꾸고 싶다, 승용차를 바꾸고 싶다, 냉면을 먹고 싶다 등등 천 가지 만 가지 마음에서 일어나는 '욕심' 때문에 일상생활에 장애를 느낀다면, 그건 심한 편집증이니 '정신과'에 가야지, 불교적 방법으로는 해결이 안 되는 것이라고 단정해도 좋을 것입니다.

엄청난 종류의(실제 느껴보면 의외로 별거 없다고 놀랄 수도 있지만) 욕심을 품고 있던 중에, 실제로 어떤 욕심을 실현할 수 있는 현실적 여건이 뒷받침되는 상황이 발생했을 때 과연 어떤 욕심이 가장 자신의 마음을 흔드는가, 즉 자신이 어떤 욕심에 유독 집착하는가를 객관적으로 알아내자는 것입니다.

쉽게 말해 욕심을 채울 정도의 돈이 생겼을 때, 자신이 가장 먼저 무엇을 하는가를 관찰하고 기억해 두자는 것입니다. 또한 돈과 관련이 없는 마음들 예를 들면 자존심에 관한 문제, 명예에 관한 문제, 분노에 관한 문제, 성욕에 관한 문제, 경쟁심에 관한 문제 등등에서 자신이 '어떤 상황'에서 가장 마음이 흔들리는가를 관찰하고 기억해 두자는 말입니다.

중요한 것은 이런 '관찰'을 긴 시간 마음의 변화에서 시작하여, 매 순간 마음의 미세한 움직임을 관찰할 수 있게 될 때까지 꾸준히 계속해야 합니다. 대개의 경우 한 달 안에 자신의 마음이 어떤 유혹에 가장 집착하는가를 느낄 수 있습니다.

그렇게 내 마음을 도둑질 하는 대상을 찾았으면, 다음 단계는 마음을 잘 단속하여 도둑에게 빼앗기는 마음을 줄여나가고, 궁극적으로 더 이상 마음을 지키지 않아도 된다면 그것이 바로 욕심을 여읜〔離欲〕 단계에 도달한 것입니다.

이타행, 수행의 척도

수행과 자비

소승과 대승의 구별은 붓다의 가르침을 깊이 있게 고찰한다면 별 의미가 없습니다. 실제로 남방불교 스님들은 소승이라는 말조차 모릅니다. 북방불교인 우리에게 북전北傳대장경이 있다면, 남방불교인 그들에게는 남전南傳대장경이 존재합니다. 남전대장경도 한역으로 완역되었습니다.

성문聲聞과 독각獨覺이라는 소승의 개념은 중국, 한국, 일본 불교 등에만 있습니다. 대승은 소승을 폄하하는 이유로 '혼자 깨닫고 끝', 이 점을 지적하고 있습니다. 하지만 지금의 스리랑카, 태국, 미얀마, 베트남의 스님들이 한국의 스님들보다 이타적이지 않다는 증거는 전혀 없습니다.

그럼 왜 대승사상의 핵심이 이타적 자비에 있다고 강조를 해 왔던 것일까요?

붓다와 연각이 연기緣起를 깨달은 것은 같은데, 어째서 후대에 연각이 폄하를 받는가라는 의문도 듭니다. 그래서 자비와 수행의 단계는 어떤 관계에 있는가를 살펴보겠습니다.

최초의 경집인『숫타니파타』를 보아도, 자신의 마음을 잘 쓰는 방법(사실 불교는 용심用心을 잘해 안심安心을 얻는 종교라 해도 됩니다)을 설하시며, 항상 남을 배려하고 남의 아픔을 함께 하라고 말씀하십니다. 붓다께서 법을 설하신 것이야말로 가장 큰 이타행임은 두말할 나위도 없습니다.

본생담 등에서 전생의 붓다가 짐승으로 태어났을 때도 짐승의 몸을 기꺼이 보시했다는 말들은 다 대승의 논사들이 보살의 개념을 염두에 두고 만들어 낸 것이고, 전생의 업과 공덕의 개념, 붓다는 여러 생에 거쳐 수행을 했다 그래서 특별하다, 이런 내용들도 다 목적을 위해 설정된 설화說話들입니다. 업과 공덕의 문제는 선한 사람이 다 잘 되는 것은 아니듯이, 그 인과因果 관계가 그리 간단치 않습니다.

수행의 시작을 이타적 행위로 무조건 단정할 수만도 없습니다. 출가 자체가 이타행인 것은 아니지 않습니까? 보살은 이타利他를 우선하고 자리自利는 스스로 따라오게 한다는 말이 틀리지는 않습니다. 그러나 그것은 이미 보살의 경지에서나 가능한 마음입니다. 붓다마저도 실은 자신의 생·노·병·사를 해결하려고 출가를 한 것이라고 말씀하고 계시지 않습니까? 더군다나 깨달음을 얻으신 후에는 그 법을 우리에게 '줄까 말까' 고민도 하셨습니다.

제 경험으로는 이타와 자비는 무작정 발원한다고 되는 일이 아닙니다. 적어도 자신의 것을 나누어 줄 수 있다, 주는 것이 안 주려고 움켜잡는 것보다 내 마음이 더 편하다, 이 정도는 뼈저리게 느껴야 이타행을 할 수 있는 것입니다.

자비심? 좋습니다.

자비심을 낸 후 그 많은 중생들의 수준에 맞추어 그 실천 방법은 어떻게 선택해야 하며, 명백한 악惡조차도 악이라 생각하지 않는 중생에게는 어떤 자비심을 내야 합니까?

참 간단한 문제가 아닙니다.

그럼에도 분명한 것은 수행의 깊이는 이타행의 실천으로 판단해도 전혀 틀리지 않다는 것입니다. 성철 스님과 법정 스님이 어떤 실제적 이타행으로, 허기를 면하는 것이 하루하루의 과제인 중생을 위한 자비의 실천으로 감동과 희망을 주었습니까? 현실 속의 중생 중에는 과거나 현재, 미래에도 '말씀'보다는 한 끼의 '밥'이 더 절실한 사람들이 늘 있게 마련입니다. 그런 실제적 측면에서 보면 많은 아쉬움이 있습니다. 그러나 이렇게 이해해 볼 수는 있습니다.

수행자 역시 개인에 따라 욕망의 제어가 잘 되는 부분과 잘 안 되는 부분이 있습니다. 법정 스님은 무소유에서는 최고였지만(다른 수행자와 비교해서 이것이 이미지 효과인지 실제인지는 솔직히 모르겠습니다) 실은 역사 이래 가장 중생들에게 실질적 이익을 회향시킬 수 있는 수행자였습니다. 그리고 그는 자신에게 엄격했듯이 모든 사람들을 자비로써 감싸주는 일생을 살지는 않았습니다. 성철 스님은 수행의 깊이는 있었지만 자기주장이 지나쳐 돈頓 · 점漸의 논쟁과 간화선을 수행하며 밀교식 다라니 수행을 병행하는 문제점을 만들었습니다.

저 역시 법정 스님이나 성철 스님 같은 출가자이고, 그분들 못지 않은 훌륭한 스님들을 보아왔기에 드리는 말씀입니다.

무슨 말을 하고 싶은가 하면, 한국을 대표하는(실은 많은 이들이 기억해 주는) 두 수행자의 공과功過를 냉정히 깨달음과 이타행의 실천인 자비심이라는 프리즘으로 조명해 보자는 것입니다.

바른 수행에 접어들면 이타행은 내 문제이지 남의 문제가 아닌 게 됩니다. 자신의 마음이 어느 정도 제어되면 '이런, 저 가엾은 중생들을 이렇게 하면 단박 편안하게 해 줄 수 있는데' 이런 마음이 솟구쳐 행동으로 옮기지 않고는 못 배깁니다.

이것이 수행의 첫 번째 완성인 '보시바라밀'인 것입니다.

붓다 시대에는 평생을 숲 속에서 명상 등 자기 자신만의 수행에만 빠져 있는 수행자들이 더 많았던 것같이 보이기는 합니다. 더욱 바라문들은 자비를 우선시 하지는 않았으니까요. 그래서 자비적 이타행의 실천 개념인 '바라밀波羅蜜'을 만들어 낸 쪽도 대승이지만 말입니다. 다만, 이름이 대승이라고 무조건 이타행에서 소승을 앞선 수행을 한다는 오만은 곤란하다는 것입니다. 그리고 이타행을 적극적으로 베풀 만한 객관적 위치에 오른 스님들이, 오직 말로만 하는 이타행인 법문에서 그치는 현실이 무척 아쉽다는 말입니다.

세간 중생들의 고통은 모두가 '마음 먹기에 달린 것'이 아니라, 인격을 유지하며 살기에는 해결해야 할 기본적인 문제들이 있다는 사실을 수행자라면 깊이 되새겨야 합니다.

대중적인 인기가 높은 스님들에 대해서는 지금도 아쉬움이 많습니다. 스님들이 그 명성을 아직도 개인의 이익이나, 자신의 입지를 공고히 하는 데 이용하고 있는 듯한 현상이 보이기 때문입니다. 중생들이 실어주는 그 신뢰를 고달픈 중생들에게 자비 회향하는 것이 너무나 당연한 일인데도 말입니다.

사람은 왜 화를 낼까?

화, 수행

화, 이거 참 골치 아픈 감정입니다. 제가 화를 잘 내는 편이라 더욱 절감하고 있습니다. '사람은 왜 화를 낼까?'라는 의문을 내 놓고 역으로 풀어가 보았습니다.

화는 상태나 상황이 마음에 들지 않을 때, 그것도 상당히 참기 힘들 정도일 때 내게 됩니다. 문제는 여기서 화를 내는 상황을 판단하는 '내 마음'이라는 게 너무나 주관적이라는 것입니다. 본인 스스로도 시시각각 마음이 달라지는데다가, 다른 사람의 마음도 내 마음과 같다는 나름대로의 확신이 서야 화가 발동하지 않으니 참 까탈스러운 것이 화입니다.

화를 당하는 상대의 입장에서 보면 대부분 황당하다고 느끼고, 역시 화로 맞받아쳐야 한다는 감정을 일으키게 되는 게 화의 본질입니다. 상대가 즉시 내게 화로 돌려주지 않는다고 자신의 화냄이 정당했다고 여기는 것은 돌을 집어 자신의 머리 위로 버리는 행위와 같습니다. 머리 위에 버려진 돌들이 하나씩 '연緣'이 되어, 어느 때 내 주변에 우박처럼 쏟아져 내릴지 모르기 때문입니다.

철학적이나 종교적인 측면이 아니더라도 화를 내면 몸에 즉각 나쁜 반응이 옵니다. 화를 내면 즉각 뇌가 반응하여 기억력을 감퇴시키고, 몸 전체에 스트레스 호르몬을 방출합니다. 그 호르몬 중 하나인 아드레날린은 혈압을 높이고, 아세틸콜린과 세로토닌 같은 물질은 복통이나 설사를 유발합니다. 심하면 뇌졸중이나 심장마비가 와서 즉사할 수도 있습니다. 사람이 화가 극에 달해 상대와 육탄전을 벌일 정도에 이르면, 이성을 잃고 말을 더듬고 다른 생각은 해 볼 여유도 없지만, 상대를 휘어잡는 육체적 힘이 급격히 세지는 것은 화에 의한 아드레날린의 활성화 때문입니다.

하지만 우리의 할머니, 어머니들은 참는 것이 미덕이라는 생각으로, 한계를 넘어선 참음 때문에 '홧병'으로 고생하기도 하였습니다. 이 홧병은 1996년 미국 정신의학회에서 한국인의 문화 관련 증후군의 하나로 등재하면서 'hwa-byung'이라는 용어를 사용하였습니다. 그러나 예전과 달리 지나치게 자기 소신껏 살며, 할 말도 다하는 요즘 한국의 젊은 세대들에게 홧병이 유전될 것 같지는 않으니, 이것이 좋은 변화인지 아닌지는 판단이 서질 않습니다.

어쨌든 화라는 것은 본질이 이러하니 일반인도 아닌 수행자가 화를 참지 못하는 것은 분명 큰 허물임에는 틀림없습니다. 더욱이 수행으로 자비심이 생긴 사람은 화를 낼 대상이 없는 경지를 느끼게 되니 저절로 화를 낼 일이 없게 되는 것입니다.

'화'가 불교에서는 자신을 죽이는 세 가지 독인 삼독심三毒心의 두 번째를 차지하는 것은 너무도 당연합니다.

'화'라는 게 꼭 개인적으로 발생하는 사적인 일만은 아닙니다. 정치나 행정을 잘 못하면 국민 전체가 '홧병'에 노출되기도 합니다. 전세계 여성들이 프러포즈를 받고 싶은 장소의 1순위로 조사되고, 프랑스의 상징인 에펠탑(Eiffel Tower)은 프랑스 혁명 100주년에 맞춰 개최된 1889년 파리 만국박람회를 기념하기 위해 건설된 것이라고 합니다.

그런데 300m에 이르는 이 에펠탑(설계자 에펠에서 따온 이름)이 당시의 파리시의 정경과는 전혀 어울리지 않는다고 '화'를 내는 사람들이 많았다고 합니다. 도무지 파리의 어디를 가나 피할 수 없이 눈에 들어오는 거대 철탑에 엄청 스트레스를 받아, 목로주점의 작가 '에밀 졸라', 몬테크리스토 백작을 쓴 '알렉상드르 뒤마', 여자의 일생을 쓴 '기 드 모파상' 등 예술가들의 노골적 불평이 대단했다고 합니다. 심지어 탑 얘기만 나오면 화를 내는 모파상은 거의 매일 탑의 2층 식당에서 점심을 먹었는데, 이에 식당 주인이 그 이유를 묻자, "이 빌어먹을 탑을 보지 않으면서 식사를 할 수 있는 장소가 파리에서는 여기밖에 없어서였다"고 모파상이 대답했다고 합니다.

깨달음과 중생 구제

대승사상과 보살

붓다께서 중생 곁을 떠나신 500~600년이 지나서, 드디어 혁신적인 불교가 등장합니다. 아라한을 깨달음의 최고의 경지라 생각했고, 현학적 논쟁을 즐겼으며, 본연의 임무인 중생 구제에 소홀했던 불교를 떨쳐버리고, 누구나 성불할 수 있으며 나의 수행 못지않게 중생 구제도 소중하다는 대승불교의 등장입니다.

대승大乘이란 '큰 탈 것'을 말하는데, 이들은 부파불교를 소승小乘 '작은 탈 것'이라 부르게 됩니다. 그러니 소승불교라는 말은 대승불교 쪽에서 그 이전의 부파불교를 폄하해 부르는 말인 것입니다.

대승사상의 핵심은 '상구보리 하화중생' 즉, 위로는 깨달음을 추구하며 아래로는 중생을 구제하는 원을 세운 '보살菩薩'에서 찾을 수 있습니다.

보살은 그 어원이 범어梵語 보디사트바bodhisattva인데, 발음대로 한역한 '보리살타菩提薩埵'를 줄여 부르는 말입니다. 보리살타라는 한역 역시 깊은 의미가 있습니다. 보리菩提란 깨달음을 뜻하는데 '提'자는 원래 '제'이지만, 이 경우에 '리'로 발음합니다. '살타薩埵'는 존재라는 의미가 있는 용어입니다.

'보리살타'란 깨달은 존재를 뜻하는 말로 각유정覺有情이라 합니다. 나의 수행이 곧 다른 중생들을 위한 것이라는 원을 세운 보살이 중심인 대승불교의 핵심사상은 그러한 의미에서 그전까지의 부파불교와는 확연히 구분이 됩니다.

화엄경에서는 보살의 수행의 지위를 52계위로 차등을 두고 있습니다. 모든 보살의 주된 수행은 이타행利他行인데, 구체적으로는 10바라밀을 말하는 것입니다. 10바라밀은 여러분도 행해야 하는 덕목이기에 제 방식으로 풀이를 해 보겠습니다.

(1) 보시바라밀布施波羅蜜: 자신의 선근善根의 결과를 다른 이들에게 나누고 베푸는 이타행

(2) 지계바라밀持戒波羅蜜: 자신의 처지와 본분에 맞게 마음을 자제하는 노력.

(3) 인욕바라밀忍辱波羅蜜: 과果에 집착 말고 연緣을 관조해, 역순逆順하는 마음을 다스리는 노력.

(4) 정진바라밀精進波羅蜜: 언제 어느 상황에 있든 보살의 마음을 놓치지 않는 집중.

(5) 선정바라밀禪定波羅蜜: 좋을 때나 나쁠 때나, 혼자 있거나 같이

있거나, 마음의 고요함을 유지하려고 노력하는 수행.

(6) 지혜바라밀智慧波羅蜜: 앞의 5가지 바라밀을 잘 행해서, 현상의
본질을 왜곡하지 않고 이해하는 능력에 도달함.

(7) 방편바라밀方便波羅蜜: 지혜바라밀을 완성한 후, 그 지혜로 중
생을 구제하는 방편에 통달함.

(8) 원바라밀顧波羅蜜: 지혜와 방편으로 한없는 중생을 구제하겠다
는 서원을 완성함.

(9) 역바라밀力波羅蜜: 6가지 바라밀로 내 수행을 완성하고, 나머
지 바라밀로 능히 중생을 구제할 수 있는 능력을 얻는 경지.

(10) 지바라밀智波羅蜜: 모든 바라밀을 통해 상구보리 하화중생을
가히 감당할 수 있는 경지로 보살 수행의 최종 완성의 경지.

한국불교에서는 주로 6바라밀의 설명에서 그칩니다.

6바라밀까지는 자리自利 수행의 덕목이고, 나머지 4바라밀이 진
정한 의미로 이타利他 수행의 완성의 길입니다. 화엄경에는 10바라
밀을 다시 각각 10가지로 나누어 아주 자세히 설명합니다. 한국불
교 수행력의 약점은 선정바라밀을 최고로 삼고, 그 위의 방편바라밀
과 지혜바라밀을 잊어버린 데 있습니다.

신新 육바라밀, 방편바라밀

육바라밀과 방편바라밀을 제가 느끼는 현실로 풀어 보았습니다.

(1) 보시바라밀布施波羅蜜: 내게는 하나의 가치이지만 다른 이에게는 몇 배의 가치가 있는 것이라면 기꺼이 줘라. 단, 물질이든 정신이든 받을 준비가 되어 있는 사람에게 줘라. 내가 가지고 있어 봐야 죽을 때 다 짐 보따리다. 내가 준 것에 대해서는 대가를 바라지 마라. 그러나 내가 받은 것은 반드시 대가를 치러야 한다는 사실을 명심하자. 이건 간단한 인과의 원리이지 깨달음과는 상관이 없지만, 이것조차 못하는 사람은 깨달음의 그림자를 밟을 인연이 아예 없다.

(2) 지계바라밀持戒波羅蜜: 내 삶의 말과 행동에 원칙을 세워라. 세상이 추구하는 가치와 동떨어져도 좋다. 내가 세운 원칙을 위해서는 모든 이들이 바라는 가치마저 버리는 용단이 필요하다.

(3) 인욕바라밀忍辱波羅蜜: 참을 수밖에 없는 이유는 두 가지다. 하나는 참지 않으면 내가 불이익을 당하는 경우이고, 둘은 참는 것이 가장 현명하다는 통찰이 이미 끝난 경우이다. 어느 방향으로 또 어째서 내가 참는 힘을 키워야 하는지 자명하지 않은가.

(4) 정진바라밀精進波羅蜜: 무엇이든 시작하면 열심히 해라. 그것이

내 인생을 낭비하지 않는 것이다. 잘 된 밥을 먹으려면 뜸을 완전히 들이는 정성이 필요하다. 평생을 꼬두밥과 진밥만 먹을 수는 없지 않은가. 인생은 길고 공부와 수행의 시간은 짧다.

(5) 선정바라밀禪定波羅蜜: 내가 세운 가치를 잊지 말고 고요히 지켜내야 한다. 다른 이가 분탕질을 해 댄다고 혹은 자신의 욕망을 채우느라고 고요함에서 벗어나는 순간 멀미는 시작된다. 번잡해질수록 그것의 해결 방법은 많지 않다. 순간이라도 고요함을 느낄 수 있도록 자신을 길들여야 한다.

(6) 지혜바라밀智慧波羅蜜: 앞의 다섯 가지를 당면한 현실 속에서 어떻게 이루어 나갈지 해결하는 것이 곧 지혜이다. 지혜는 남의 것을 빌려다 쓸 수 없다. 나를 대신해 줄 사람은 아무도 없으니, 지혜 역시 내가 마련해야 한다.

(7) 방편바라밀方便波羅蜜: 완성된, 완성되어 가는, 완성은 아니라도 진행 중인 6바라밀을 다른 사람과 어떻게 공유할 수 있는가를 고민하자. 같은 고민을 하는 사람이 많아질수록 세상은 살 만해질 것이다. 이 같은 고민을 한 번도 하지 않았다면 진정한 속물이니 붓다의 가르침을 포기하는 것이 현명하다.

양극화가 심화될수록 꼭 실천해야 할 것

상구보리 하화중생과 사섭법

대승불교의 전제인 상구보리上求菩提 하화중생下化衆生은 가장 강력한 동사섭입니다. 동사섭同事攝은 사섭법四攝法 중의 하나이고, 사섭법은 그 본질을 동체대비同體大悲에 두고 있습니다. 사섭법은 아래와 같습니다.

(1) 보시섭布施攝: 보살이 중생들에게 재물과 바른 가르침을 주는 것. 보시에는 재시財施(재물 보시) · 법시法施(가르침을 주는 보시) · 무외시無畏施(두려움 없는 마음을 일으키도록 해 주는 것)가 있음.

(2) 애어섭愛語攝: 보살이 중생들에게 부드러운 말과 알맞은 말로 마음을 보듬어 주는 것.

(3) 이행섭利行攝: 보살이 중생들에게 이익이 되는 행동으로 구제하는 것.

(4) 동사섭同事攝: 보살이 중생들에게 한 마음·한 몸이라는 것을
　　 실천하는 것.

　여기서 섭攝은 '포섭' '끌어안음'의 의미가 있습니다. 사섭법의 한
가지 한 가지가 실은 무척 행하기 어려운 것들입니다. 상구보리上求
菩提(위로는 깨달음을 구하고) 하화중생下化衆生(아래로는 중생을 제도함)은 동
사섭에서 출발하는데 이게 생각만큼 만만치 않습니다.
　상구보리 해도 하화중생을 하지 않으면 상구보리의 의미가 없습
니다. 혼자 깨닫고 혼자 죽는다면, 이 경지를 이룬다 해도 그건 개인
적인 일이지 세상에 득이 될 게 전혀 없지 않습니까? 또한 하화중생
을 하는데 상구보리의 정신이 없으면, 이건 장님이 길을 안내하는
것과 같지 않겠습니까?
　상구보리나 하화중생 어느 것이든 정말 행하기 어려운 보살도입
니다. 자신을 버리지 않고는 결코 한 발짝도 앞으로 나갈 수 없는 게
바로 상구보리 하화중생입니다. 상구보리 하화중생의 체는 동체대
비입니다.
　동체대비의 궁극은 나-타인-우주가 한 몸이라는 사실을 체감하
는 것입니다. 불자들은 그것에 다가갈수록 '내가 지금 무엇을 해야
하는가?'에 대한 답을 얻을 수 있습니다. 지금처럼 경제력·정보력
등 삶의 질을 좌우하는 것들의 양극화가 심화될수록 '사섭법'의 가치
를 되새겨야 할 것입니다.

상구보리가 안 된 상태에서 스님들이 신도들의 인생의 결정권을 행사하는 것을 하화중생으로 착각하는 경우가 너무나 많습니다. 정말 복잡한 세간의 일들은 어쩌면 신도 자신들이 풀어나가는 게 답일지도 모릅니다. 그 답을 찾는 지혜를 보충해 주는 것은 스님들의 몫이 확실하지만 말입니다.

　흔치 않게 스님들이 어디에 얼마를 쾌척했다, 보시했다는 보도를 대할 수 있습니다. 그런데 그 스님의 선행은 실은 신도들의 공덕을 대신해서 '전달자' 노릇만 한 것입니다. 그럼에도 "이 돈은 신도들이 내게 시주한 것을 모은 것이니, 칭찬은 내가 아니라 신도들이 받아야 한다"라고 말하는 스님은 아주 드뭅니다. 물론 스님이 자신이 출간한 책의 인세로 보시한 것은 제외하고 말입니다.

제6장

붓다,
과학을
끌어안다

불교의 요체와 과학의 극적인 통섭

일체유심조

'일체유심조一切唯心造'는『화엄경』제20품 야마천궁게찬품夜摩天宮偈讚品 중 각림보살覺林菩薩의 게송입니다. "약인욕요지若人欲了知 삼세일체불三世一切佛 응관법계성應觀法界性 일체유심조一切唯心造"라는 4구게입니다. 풀이하면 "만일 어떤 사람이 삼세의 모든 부처님을 알려 한다면, 마땅히 법계의 성품이 모든 것은 마음으로 비롯됨을 보라"입니다.

일체유심조는 한국의 절에서는 하루도 거르는 일이 없을 정도로 마음 법의 '키 워드'입니다. 저는 백 년이 지나도 기라성 같은 스님들의 풀이를 넘어서지 못할 것입니다. 그래서 일체유심조뿐만 아니라 연기 등 불교의 요체와 과학이 가장 극적인 '통섭'을 이룰 수 있는 불확정성 원리와 양자역학을 소개하는 것으로 '면피'하겠습니다.

1932년 양자역학의 탄생에 기여한 공로로 노벨물리학상을 받은 하이젠베르크Heisenberg(1901~1976)의 불확정성 원리부터 시작합니다.

자연계에서 일어나는 사건은 미래를 정확하게 예측할 수 있을까? 뉴턴이 완성한 고전물리학에 의하면 이것은 원리적으로 가능한 일이다. 물이 위에서 아래로 흐르고 하늘에 던져진 공이 낙하법칙에 따라 떨어지듯이, 우리는 미래에 일어날 물체의 운동 과정을 정확히 예측할 수 있다. 하지만 하이젠베르크의 불확정성 원리에 의하면 아무리 정확한 물리법칙이라 하더라도 어떤 한계 내에서는 미래를 정확하게 예측하는 일이 불가능하다.

20세기 사상의 커다란 흐름 가운데 하나는 우리가 자연세계를 바라보는 관점이 통계적이고 비결정론적인 세계관으로 바뀌었다는 것이다. 19세기 초 뉴턴 역학을 바탕으로 해서 완성된 라플라스(프랑스 물리·천체학자)의 세계는 완벽한 결정론의 세계였다. 하지만 20세기에 들어와 뉴턴과 라플라스에 의해 제창된 결정론적 세계관은 서서히 힘을 잃어갔다. 그 대신 물리 세계에서 미래를 정확하게 예측할 수는 없고 단지 통계적으로만 기술할 수 있다는 비결정론적인 새로운 세계관이 대두되기 시작했다. 20세기 비결정론적 세계관의 형성에 있어서 핵심에 있는 인물이 바로 하이젠베르크였다. 그는 1925년 '행렬역학(matrix mechanics, 行列力學)'이라는 새로운 개념을 제안하여 고전역학과는 다른 새로운 현대물리학 체계인 양자역학을 창안한 사람이다. 1927년 하이젠베르크는 자신이 창안한 양자역학에 대한 철학적 해석인 '불확정성 원리'를 발표했다.

우리는 전자의 위치를 정확히 알려고 하면 그만큼 더 짧은 파장의 빛으로 관찰해야 한다. 하지만 빛의 파장이 짧아질수록 컴프턴 효과(필자 주: compton effect, X선을 전자에 투사시켰을 때 산란되어 나오는 X선 파장이 입사했을 때의 X선 파장보다 길어지는 현상)로 전자의 유동성이 커져 그 전자의 운동량에 대해서 그만큼 부정확한 값을 얻게 된다. 결국 위치와 운동량은 아주 작은 범위에서는 서로 불확실한 관계에 있게 되는 것이다. 불확정성 원리에 의해 지배되는 양자역학적 세계관이 야기했던 가장 커다란 논란은 사람의 관찰, 혹은 측정 행위가 측정 대상에 영향을 미친다는 것이었다.

관찰자의 측정 행위가 대상을 결정한다는 내용은 많은 사상가들에 의해 객관주의와 실재론적 전통이 강한 물리학에서 주관주의와 관념론적인 측면이 개입될 수 있는 여지를 남겨준 것으로 해석되기도 했다.(필자 주: 물리적으로는 해괴한 이 이론이 일체유심조의 '모든 것은 마음으로 비롯된다'에 대비시키면 걱정거리가 없어집니다.)

파울리Wolfgang Pauli(1900~1958)는 양자역학이 지니는 비결정론적(불확정성) 성격을 종교에서 연금술적 상징들이 표출되는 집단 무의식을 다룬 칼 융의 정신분석학과 연결시켰다. 관찰자의 주관적 행위가 대상에 영향을 미치는 것은 마치 소우주인 인간이 정신적으로 만다라mandala에 '들어가서' 우주 생성에 개입하는 것과 같다는 것이다. 물리적 개별 현상은 우주 전체 과정과 연결되어 있고, 부분은 전체와 상호 연결이 되어 있는 것이다. (필자 주: 화엄사상인 중중무진연기重重無盡緣起, 법성계의 일중일체다중일一中一切多中一과 한 치의 오차도 없음을 주목하십시오.) 또한 개별 측정행위에 의해 세계가 결정되기 때문에, 우리의 세계는 사실 무한히 많은 세계로 이루어져 있다는 '다수 세계 해석(many-world interpretation)', 혹은 정반대로 '다수 정신 해석(many-mind interpretation)'을 제안하는 철학자들도 등장했다.

포항공대 임경순 교수의 글에 제가 후렴을 더했습니다. 이토록 불법은 과학뿐만 아니라 인간의 지적 능력이 향상될수록 '증명'이 되어가는 무진無盡의 가르침의 보고입니다. 그럼에도 한국의 지적 엘리트들은 불법을 외면합니다. 이유는 간단합니다. 그들과 진지하게 대면해 전문적인 대화를 할 수 있는 스님이 없기 때문입니다.

달라이 라마의 글을 보며 느끼는 점은 이미 1959년에 인도에서 망명생활을 시작하며 무려 반세기 이상을 세계의 석학들과 많은 교류를 한 것이 오히려 그의 수행을 성숙시키는 결정적 계기가 됐다는 생각을 지울 수가 없었습니다. 이와는 대조적으로 한국의 승가는 선조들로부터 물려받은 전통사찰 덕분에 먹고 사는 데 지장이 없기에 자만심에 빠져 점점 더 폐쇄적이고 문중화되어 가고 있으니 큰 걱정입니다. 한국불교가 미국과 유럽에서 티베트나 베트남의 불교보다 주목을 받지 못하는 이유도 바로 이런 철학과 사상의 부재라는 문제 때문입니다. 한국불교를 개인으로 가정하면 12연기의 시초가 되는 무지라는 가장 수치스러운 '경지'에 있음을 부인하기 어렵다는 생각만 듭니다.

과학, 미래의 불교를 위한
새로운 대비책?

과거심 · 현재심 · 미래심

선가禪家에서 흔한 '봉棒'의 원조元祖인 덕산 스님의 얘기를 소개합니다.

덕산德山 스님은 처음 북방 서촉 땅에 있으면서 교학을 깊이 연구했는데, 특히 『금강경』에 통달하여 세인들로부터 주금강周金剛이라고 칭송을 받았다.

스님은 당시에 남방에 '직지인심直指人心 견성성불見性成佛'을 주장하며 교학을 전적으로 무시하는 선종禪宗의 무리가 있다는 소문을 듣고 크게 분개하여, 평생 연구했던 『금강경소초』를 짊어지고 남방을 향해 행각行脚에 올랐다.

경經에는 삼아승지겁을 닦아야 성불成佛한다고 쓰여 있는데, 남방의 마구니들은 '성품을 보면 그대로가 곧 성불'이라고 주장을 하니, 자신이 가서 혼내 주리라 작정했던 것이다. 정말 그 용기와 신심이 대단하다.

수천 리 길을 걸어서 남방의 예양이라는 곳에 당도하였는데, 점심 때가 되어 배가 고프던 차제에 마침 한 노파가 길가에서 떡을 팔고 있는 것이 눈에 들어왔다. 그래서 『금강경소초』가 잔뜩 든 바랑을 옆에다 내려놓고는,

"점심 요기를 하고 싶으니 그 떡을 좀 파시오."

하니, 노파가 스님을 쳐다보고는 물었다.

"스님, 그 바랑에는 무엇이 들어 있습니까?"

"『금강경소초』가 들어 있소."

"그러면 제가 『금강경』에 대해서 한마디 물어 보겠습니다. 스님께서 제가 묻는 말에 바른 대답을 하시면 점심 대접을 잘하겠지만, 그렇지 못할 것 같으면 떡을 드릴 수 없으니 다른 데 가서 요기를 하셔야 합니다."

"그러지요."

덕산 스님이 흔쾌히 허락하니 노파가 물음을 던졌다.

"금강경에 '과거의 마음도 얻을 수 없고, 현재의 마음도 얻을 수 없고, 미래의 마음도 얻을 수 없다'고 하는 말씀이 있는데, 스님은 지금 어느 마음에 점을 찍으려고(點心) 하십니까?"

여기서 덕산 스님은 꽉 막혀 버렸다. 금강경을 완전히 달통(達通)했다

고 자신했기 때문에, 그 살림살이를 가지고 남방의 선지식들을 혼내 주려고 수천 리 길을 행각行脚하여 내려오는 판인데, 길가에서 떡 파는 노파의 한마디에 그만 벙어리가 되어 버렸던 것이다.

여기에서 그 위세 당당하던 의기가 한풀 꺾여, 노파에게

"이 근방에 큰스님이 계십니까?"

하고 물으니, 노파가 한 곳을 인도해 주었다.

"여기에서 한 5리쯤 가시면 용담사라는 절이 있는데, 거기에 숭신 선사라는 훌륭한 선지식이 계십니다."

그리하여 덕산 스님이 용담사를 찾아가는데 걸음걸음에, 노파가 "과거심過去心도 불가득不可得이요, 현재심現在心도 불가득不可得이요, 미래심未來心도 불가득不可得이라"는 금강경의 문구를 빌어서 "어느 마음에 점을 찍으려느냐?"고 했던 물음이, 그대로 화두가 되어 사무치고 사무쳤다.

이번에는 『금강경』 제18 일체동관분一體同觀分의 해당 구절입니다.

"佛告須菩提하사되 爾所國土中에 所有衆生의 若干種心을 如來悉知하나니 何以故오. 如來說諸心이 皆爲非心이요 是名爲心이니 所以者何오. 須菩提야 過去心不可得이며 現在心不可得이며 未來心不可得일새니라."

우리말로 옮기면,

"부처님께서 수보리에게 말씀하셨다. 저 세계 가운데 있는 바 모든 중생의 갖가지 마음을 여래가 다 아느니라. 왜 그러냐 하면 여래가 말한 모든 마음은 다 마음이 아니고 그 이름이 마음이기 때문이니, 그것은 수보리야, 지나간 마음도 얻을 수 없고 현재의 마음도 얻을 수 없으며, 미래의 마음도 얻을 수 없기 때문이니라."

이제는 최신 과학에서 말하는 시간의 개념을 도입해 보겠습니다. 스티븐 호킹은 아예 시간의 설명을 위해 『시간의 역사』라는 책 한 권을 저술했을 정도입니다. 아주 초보적인 시간에 대한 과학적 의미를 말씀 드리겠습니다.

아파트 20층에 사는 사람은 1층에 사는 사람에 비해 평생 10만 분의 1초 정도 더 수명이 짧다고 합니다. 1층에서의 중력이 더 크기 때문입니다. 이런 약간의 중력 차이에도 그렇게 시간의 흐름이 바뀌는 것입니다.

또 속도에 의해서도 시간은 늦게 흐를 수 있는데 시계를 하나는 고정시켜 놓고, 또 하나는 우주선에 싣고 초속 10km로 70년을 달리고 나면 우주선 안의 시계가 1초 늦어진다고 합니다. 우주선의 속도가 빛의 속도(초속 30만km)에 가까워질 수 있다면 시간은 지구상에 고정돼 있는 시계보다 더욱 더 늦게 가게 되는 것입니다.

이 현상은 아인슈타인의 상대성 이론으로 설명할 수 있는데, 이런 이론을 바탕으로 그렇다면 빛보다 빨리 가면 시간을 역행하는 '타임머신' 여행이 가능하지 않겠느냐는 추론까지 하기에 이르는데 과학자들은 이것은 불가능하다고 합니다.

웜홀(Warm hole, 말 그대로 시공의 벌레 먹은 구멍이라는 뜻)을 지나 여행할 경우 훨씬 짧은 시간 안에 우주의 한 쪽에서 다른 쪽으로 도달할 수 있다는 이론을 제시하기도 하는데, 그 근거는 블랙홀은 입구가 되고 화이트홀은 출구가 된다고 가정하며, 블랙홀은 빨리 회전하면 회전할수록 웜홀을 만들기 쉽고 전혀 회전하지 않는 블랙홀은 웜홀을 만들 수 없다고 합니다.

하지만 화이트홀의 존재가 증명된 바 없고, 블랙홀의 기조력 때문에 진입하는 모든 물체가 파괴되어서 웜홀을 통한 여행은 수학적으로만 가능할 뿐이라는 것이 현재의 이론입니다. 웜홀(벌레구멍)은 벌레가 사과 표면의 한 쪽에서 다른 쪽으로 이동할 때 이미 파먹은 구멍을 뚫고 가면 표면에서 기어가는 것보다 더 빨리 간다는 점에 착안하여 이름 지어진 것이라고 합니다.

이렇듯 최신 물리학이나 천문학의 이론들은 불법 특히 화엄의 사상과 아주 흡사합니다. 특히 최근 각광을 받으며 급발전하고 있는 유전공학·뇌과학 등을 중심으로 좀 더 적극적이고 과학적이고 또 분석적인 안목을 갖고 새로운 미래의 불교를 대비해 가지 않으면 인도에서 불교가 거의 소멸消滅했듯이, 앞으로 몇 백 년 후에는 어떤 상황이 닥칠지 낙관적이지만은 않다는 현실을 직시해야 합니다. 또한 과학과 문명의 발전을 단순히 환경 파괴나 인간성 상실, 물질에 대한 집착 등 부정적으로만 몰아 부치는 어리석음을 저지르는 일은 없어야 할 것입니다.

종교는 사상이 중구난방衆口難防 식으로 전개되어도 거두어들이기 어렵지만, 과학은 합리적이고 논리적인 검증으로 오류가 있다면 결국은 바로잡아집니다.

종교의 직관과 예지는 큰 장점이지만 그것만 강조되는 쪽으로 흘러간다면, 자칫 보편타당성을 상실하고 비현실적으로 변질될 수도 있다는 점을 상기하자고 드리는 말씀입니다.

현대, 신神들의 최대 수난기

진화론과 연기

현대는 가히 신神들의 최대 수난기입니다. 과학자들은 창조적 능력을 가진 신의 존재를 아주 요령 있게 천국으로 보내고 있습니다. 기독교의 신은 지구에서의 입지가 점점 좁아져서, 교회 밖으로 나올 수 없는 지경에까지 그 권위가 실추되었습니다. 몇몇 신학자들은 '지적설계론'이라는 용어를 만들어 신의 권위를 회복하려 하지만 이미 승패는 나 버렸습니다.

모든 생명체는 우주에서 바라보면 '창백한 푸른 점(칼 세이건이 표현한 지구)'인 지구에서만 유일하게 존재하며 그것도 야훼신이 창조했다는, 이런 고전적 신앙을 가진 과학자는 적어도 과학계에서는 제대로 된 과학자로 대접받기란 하늘의 별 따기입니다.

다시 말하면, 모든 생명체는 세포 단위로 한 걸음씩 고등생명체로 발전을 해 왔고, 앞으로도 그런 방식으로 진화가 계속될 것이라는 다윈의 생각에 동의를 하지 않는다면, 그것이 어떤 과학 혹은 어떤 사상, 어떤 종교가 되었든 간에 미래가 보장되지 않는다는 것입니다. 세계의 어느 과학자도 중력이 있는 한 뉴턴이 잊혀지지 않듯이 '진화론進化論(evolution theory)' 또한 먼 미래에 뒤집혀질 이론이 결코 아니라는 데 동의하고 있습니다. 오히려 진화론은 과학의 각 분야와 접목하고 통섭을 이루어 새로운 학문을 탄생시키는 등, 인간이 발견한 이론理論 중 가장 이론異論을 제기하기 힘든 분야로 발전할 것이라고 말할 정도입니다.

그런데 이 진화의 논리는 붓다께서 깨달으신 "이것이 있으므로 저것이 있고, 저것이 있으므로 이것이 있고, 이것이 멸하면 저것이 멸하고, 저것이 멸하면 이것이 멸한다"는 연기緣起와 정확하게 같습니다. 그리고 붓다께서 연기緣起를 "여래가 있기 전이나, 여래가 멸한 후라도 존재하는 진리"라고 말씀하신 것도, 제가 언급한 다윈의 이론에 대한 과학자들의 확신과 다를 바가 없습니다. 즉, 다윈의 진화론은 붓다의 연기법과 같이 '존재'에 대한 원인과 결과를 밝혀주는 부정할 수 없는 진리라는 말씀입니다. 불과 200년 된 한 인간의 과학적 결실인 진화론이 2천 년 이상 된, 우주와 모든 것을 창조한 신과 그 신을 숭배하던 종교의 한 축을 무너뜨리고 있습니다.

그렇다면 신을 인정하지 않는 무신無神 종교인 불교는 진화론의 사정거리 밖에 있다고 안심해도 될까요?

이제 본격적으로 제가 주제로 삼을 불교의 윤회를 진화론에 대비시키기 위한 예비 작업으로 진화론이 도대체 왜 그리 중요하고 그 연구는 어디까지 와 있는가를 살펴보겠습니다.

진화론은 생명이 어떻게 시작되었고, 어느 방향으로 흐르는가에 대한 인간 지성 최고의 결론입니다. 기존의 신의 창조에 대한 믿음을 고수하는 사람들의 어떤 도전에도 살아남았고, 앞으로도 살아남을 만한 아주 단단한 논리력을 갖고 있습니다. 다윈이 지금 깨어난다면 진화론의 '진화'를 상상도 못했다고 고백해야 할 정도입니다.

근래의 진화론을 이끄는 사람은 『이기적 유전자』와 『만들어진 신』이라는 저서로 우리에게 잘 알려진 리처드 도킨스와 『지식의 대통합(통섭)』이라는 명저를 낸 에드워드 윌슨이 대표적입니다. 도킨스는 진화생물학의 대가이고, 윌슨은 사회생물학의 대가입니다. 둘 다 진화론의 절대적 신봉자이지만, 진화의 과정과 영향력에 관해서는 첨예하게 대립합니다. 도킨스는 진화의 원천은 생명체의 변화된 DNA가 결정적인 변수라고 주장하지만, 윌슨은 그 DNA의 변화를 유도하는 환경의 영향력과 진화하는 생명체가 속한 사회라는 집단의 관습이나 의식이 더 강한 영향력을 발휘한다고 주장합니다. 만약 두 천재들이 불교에 관심이 있어 "인因은 같지만 연緣에 따라 그 과果가 다르다"는 불교적 관점으로 진화론을 이해했다면 결과가 어땠을까 궁금합니다.

어쨌든 진화론은 생명체의 자기 위치와 정체성을 명확히 해 준다는 점에서 종교에 버금가는 신뢰성을 얻고 있습니다. 불교야말로 중생들(모든 생명체)의 자기 위치와 정체성을 명확히 제시해, 인본주의는 물론 모든 생명체의 가치를 강조한 유일한 종교입니다. 진화론에서 인간이 가장 발전된 생물이라고 결론하듯, 불교 역시 인간만이 성불할 수 있는 존재로 가장 귀한 생명체라 선언하고 있습니다. 여기까지는 진화론과 불교가 같은 '진화'를 해 왔습니다.

과학의 범주인 진화론에 대한 설명은 이쯤해도 다 이해하시리라고 믿고, 이제부터는 불교의 생명관 중 핵심으로 자리한 윤회에 대해 살펴보겠습니다.

윤회는 업과 더불어 붓다시대 이전에 이미 인도를 비롯한 몇몇 문명에서 이어져 내려온 사상입니다. 지금은 윤회를 여섯 가지로 구분하는 것이 정형화되어 있습니다(천수경에서는 지옥, 아귀, 수라, 축생 4가지만 거론되고 있습니다). 지옥 · 아귀 · 축생 · 수라 · 인간 · 천상 이렇게 여섯 가지의 세계를 업에 따라, 번갈아 가며 몸만 바뀐다는 것이 윤회입니다.

붓다의 직제자가 살아 있을 가능성이 있는 불멸 후 약 100년 쯤 붓다의 가르침을 기록한 가장 오래된 『숫타니파타』라는 경전 모음집에는, 생명체의 여섯 가지 사이클에 대한 언급이 없는 것은 물론 윤회라는 말도 거의 발견하기 어렵습니다. '다음 생' 혹은 '하늘나라' 또는 '나쁜 곳'에 떨어진다 정도의 원론적인 표현만 있습니다.

제 나름대로 윤회를 6가지로 분류한 이유를 추론해 보았습니다.

지옥과 천상은 이미 오래 전에 가정되었을 겁니다. 아귀 · 축생 · 수라는 각각 굶주림이라는 가장 근원적인 고통을 안고 있는 아귀, 인간의 부림으로 받는 고통과 선악의 구별조차 불가능한 축생, 끊이지 않는 분쟁과 전쟁을 연상시키는 수라(아수라) 등의 현실을 투영한다면 이것도 어려운 가정이 아니었을 것입니다. 결국 여섯 가지의 윤회는 인간의 집단생활의 오랜 경험의 축적으로 유추해 낼 수 있는 세계들인 셈입니다.

다시 압축해서 좀 더 본질적인 문제로 들어가 보겠습니다. 윤회는 사람이 짐승으로 다시 태어날 수 있고, 짐승이 다시 사람으로 태어날 수도 있다고 말합니다. 짐승이 사람으로 태어나려면 10선업善業을 닦아야 한다고 합니다. 그런데, 짐승인 개나 돼지, 소가 어떻게 선善한 공덕을 지을 수 있겠습니까?

그리고 윤회에 포함되는 짐승의 범주는 개·소·돼지·닭·모기·바퀴벌레·지렁이… 어디까지로 한정할 수 있습니까? 또, 지구상에 아직 인간이 알지 못하는 생명체들도 당연히 윤회에 포함되는 것일까요? 사실 이런 의문은 윤회에 대해 아주 원초적이고 형이하학적인 질문이라고 냉소 받을 수도 있습니다.

하지만 윤회가 붓다께서 우리에게 가르치신 최고의 확고한 말씀이었다면, 용수의 중론中論이나 세친의 유식唯識 등에서 붓다에 버금간다는 평가를 받는 논사들이 여섯 가지 윤회에 대해 어떠한 구체적 언급도 하지 않았다는 사실은 지극히 상식에 맞지 않습니다. 더욱이 사람이 생각해낼 수 있는 철학적 쟁점은 거의 망라해서 몇 백 년 동안이나 논쟁을 지속한 부파불교의 논사들은 '어디까지'가 윤회에 해당된다는 논쟁만은 의도적으로 피한 것일까요?

불교의 윤회관으로 오인된 육도윤회를 진화론에 맞게 해석하면, 개가 죽으면 (진화하여) 사람으로 태어난다고 주장하는 것과 같습니다. 또한 반대로 사람이 죽으면 (진화하여) 개로 태어날 수도 있다는 주장을 하는 것과도 같게 되어 버립니다.

저는 진화론을 믿지 이런 식의 윤회는 붓다의 가르침에서 벗어난다고 단정합니다. 붓다는 기존 바라문들이 믿던 업과 윤회를 부정하셨음은 물론 그들의 사상과 행태를 맹렬히 비난하셨습니다.

붓다께서는 전생의 바라문이 현재의 바라문으로 태어난다는 바라문의 주장에 대해, "인간은 과거의 업에 의해 결정되는 것이 아니라, 현재의 그 사람의 말과 행동으로 결정된다"라고 말씀하십니다.

윤회와 직결되는 사후의 세계에 대해서도 '침묵'으로 일관하셨습니다. 붓다는 업과 윤회라는 '정해진 틀과 운명'에 동조하지 않으셨습니다. 붓다의 교단은 실제로 사성제 계급을 인정하지 않고 오직 출가의 순으로 상하를 정했습니다. 붓다는 업과 윤회에서 떠나야 하고, 오로지 '연기'만이 진리라고 누누이 말씀하십니다. 하지만 그 당시 사성계급제와 더불어 거의 일상용어화된 업(karma)과 윤회(saṃsara)라는 단어를 전혀 쓰지 않고는 연기를 설명하실 수 없었을 것입니다. 경전에 그러한 잔재가 남아 있는 것은 아마 다른 언어적 선택의 여지가 없었기 때문이라고 여겨집니다.

그러나 붓다께서 사용한 '업'은 바라문들이 사성제 계급을 유지하기 위해 악용했던 업이 아니라, 이미 벌어진 결과로 인간의 힘으로는 역전시킬 수 없는 당연히 수용해야 되는 것을 '업'이라고 말씀하신 것이라 여겨집니다. 윤회 또한 성成·주住·괴壞·공空으로서의 우주적 윤회라고 해석하면 업과 더불어 "무아인데 어떻게 윤회하느냐?"라는 본원적 질문에 고민할 이유도 없게 됩니다.

제 주장과 달리 기존의 윤회와 사후세계를 언급하는 사람들은 동서양을 막론하고 전생과 사후의 세계를 인지하고 체험했다는 경험담을 윤회의 실재 사례로 말하기도 합니다. 도대체 그 '사례'라는 것이 70억 인류에 있어서 기본적인 통계자료로 연구해 볼 만한 가치가 있는 조건을 충족했는지부터가 의문입니다.

이런 식의 윤회 살리기라면, 타종교에서 주장하는 모든 신비스러운 일들과 기적, 예언 등도 모조리 인정해 주어야 공평한 것입니다. 과학에 의해 종교적 영역이 좁아지고는 있지만 인간의 존재와 가치에 대한 존엄성이 버려지지 않는 한, 인간의 정신적 진화의 끝인 깨달음을 추구하는 한 붓다의 가르침은 더욱 간절해지고 있습니다.

붓다의 가르침인 연기緣起는 과학이 추구하는 현재의 현상(果)에 대한 원인(因) 규명이라는 점에서 과학과 목표가 같습니다. 사실과 현상을 망상과 집착을 떠나 있는 그대로 보자는, 불교 수행의 과정도 과학자들이 자신의 전공을 연구하는 마음자세와 유사합니다.

그래서 과학이 발전할수록, 인간이 교육 등을 통해 지적 능력이 진화해 나갈수록, 불교는 인간에게 더없이 소중한 최고의 가르침이 될 것입니다.

하지만, 지금과 같이 업과 윤회를 악용하여 승가의 배를 채우고, 신도들에게 신앙으로서의 의무감만 더해주고 정작 승가는 하나의 큰 이익단체로 '진화'되는 한, 불교의 미래는 결코 보장 받을 수 없을 것입니다.

불멸 후 500년~600년 만에, 한 단계 진화한 대승불교가 재가자들의 주도로 이루어졌습니다. 그 후 다시 2,000여 년이 지났으니, 또 한 번의 진화를 이루어 낼 때가 되었습니다. 대승으로의 도약적 진화의 주체는 재가불자였으니, 미래 불교의 진화의 주체는 대승마저도 망쳐가는 승가 자신이어야 그나마 체면이 설 것입니다.

이것이 이루어지지 않으면 미래의 언젠가는 종교학 시간에 선생님은, "과거에 불교라는 종교는 너희들이 기르는 애완견이 재롱을 부려, 사람들을 즐겁게 한 것의 보상으로 사람으로도 태어날 수 있다고 믿었다"라고 설명을 하고, 학생들은 그 소리에 끼득거릴지도 모른다는 생각이 머릿속을 떠나지 않습니다.

이토록 인류 최고의 가르침을 이어받겠다는 승가가 되레 세상에 민폐를 끼치는 일이 비일비재하니 참으로 한심하다는 자괴감이 듭니다. 선지식은 고사하고 '어른' 노릇하는 스님조차 전무하니 시비를 떠나고 분별심을 여의어야 한다는 선사의 가르침만큼은 제대로 받들어 모시는 것 같습니다. 총림과 본사급 사찰에서마저도 연기라는 진리를 말하기는커녕 죽은 귀신과 영구위패를 법당에 모신다고 권선을 하니, 이건 살아서 현재에 고통 받는 중생들을 위한 붓다의 가르침이 절 도량에 퍼지는 것이 아니라, 귀신들이 불교를 주도하는 어이없는 지경에 이르게 되었으니 이게 무슨 꼴입니까?

제7장

중생이
있으므로

붓다가
있다

그 이름에 부끄럽지 않을 만큼
성숙해 있는가

삼보三寶

삼보三寶란 말 그대로 불교의 세 가지 보물을 뜻합니다. 그리고 삼귀의三歸依의 대상이기도 합니다.

첫째, 불보佛寶는 불교의 교조教祖 및 교주教主로서의 불타佛陀(佛, buddha)를 말하고,

둘째, 법보法寶는 불타의 가르침인 교법教法(法, dharma)을 말하고,

셋째, 승보僧寶는 가르침을 따르는 교단教團(僧, sangha)을 의미합니다.

여기에 준해서 우리나라에도 삼보사찰이라고 불리는 곳이 세 군데 있습니다. 불보사찰은 양산 통도사로 부처님의 몸에서 나온 사리, 이것을 특별히 진신사리眞身舍利라고 하는데, 이 사리를 모셨기 때문에 따로 불상을 조성해 놓지 않았습니다. 법당의 주불主佛이 모셔져야 할 불단이 유리로 밖을 볼 수 있게 되어 있고 그 법당 밖에는

진신사리를 모신 부도 즉 탑이 안치되어 있습니다. 그래서 법당에서 불단을 향해 예배하면 바로 진신사리에 예배하게끔 조성되어 있습니다. 이 발상은 참으로 의미가 있는 것입니다.

이렇듯 진신사리를 봉안한 곳을 적멸보궁寂滅寶宮이라고 부르는데 우리나라에 5대 적멸보궁이 있습니다. 즉, 영취산 통도사通度寺, 오대산 상원사上院寺, 설악산 봉정암鳳頂庵, 태백산 정암사淨巖寺, 사자산 법흥사法興寺 등이 그곳인데 모두 신라의 자장慈藏 스님이 당나라에서 진신사리와 정골頂骨을 모셔와 봉안했다고 전해집니다.

법보사찰은 부처님의 교법인 팔만대장경이 모셔져 있는 합천 해인사를 말합니다. 승보사찰은 전남 순천의 송광사인데 송광사에서 16국사國師가 배출되었고, 현재 국사전에 16국사가 모셔져 있기 때문입니다. 삼보 중 불보와 법보는 그 개념이 명확하여 따로 설명이 필요없을 것 같습니다.

문제는 승보僧寶의 개념과 현실에 관한 것입니다. 삼귀의를 우리말로 할 때 '거룩한 스님들께 귀의합니다'라고 하는데 솔직히 저는 낯간지러워 차라리 한문인 '귀의승 중중존'으로 하는 것이 마음이 편합니다.

왜냐하면 저는 거룩하지도 못하고 더더욱 신도들이 목청 높여 귀의해도 좋을 만큼의 스님이 아니라는 사실을 부정할 자신이 없기 때문입니다. 게다가 승보의 어원인 상가sangha란 청정교단을 말하고 그 교단은 출가자뿐만 아니라 재가자까지 포함된다는 견해도 분명합니다. 곧 사부대중四部大衆인 비구(남자스님), 비구니(여자스님), 우바

새(남자신도), 우바이(여자신도)의 단체를 승보로 인정해야 한다는 학자들도 있습니다.

비구스님들이야 물론 찬성하지 않지요. 남자인 비구스님 숫자보다 많은 여자인 비구니스님들의 기본권조차 인정하지 않으려고 하는 것이 조계종의 현실입니다.

제 말의 핵심은 지금의 출가자 집단이 보배 보實자를 써도 부끄럽지 않을 만큼 성숙해 있는지를 지적하고 싶은 것입니다. 사실 불교만 그런 것은 아닙니다. 다른 모든 종교도 다 마찬가지입니다.

어찌 보면 저를 포함해 그분들도 인간이므로, 사회학자나 심리학자, 생물학자와 유전공학자 들이 파헤쳐 놓았듯이 '인간'과 그 '집단'으로서의 본성本性(불교에서 말하는 본래 성품이 아니라, 인간으로서의 본성을 말함)과 DNA를 통해 최소 수 만 년간 전해지고 각인된 개인과 집단의 보존과 영역 확대, 세상의 수준에 맞추어 나가는 사회적 진화에 더 충실하지 않는가 하는 것이 저의 종교의 미래에 대한 큰 걱정거리인 것입니다.

허망을 버리고 진실을 가지라
삼귀의

모든 법회의식에는 처음에 불·법·승 삼보에 귀의한다는 삼귀 의례를 합니다. 요즈음은 대부분 우리말로 하지만 한문으로 원문은 다음과 같습니다.

　귀의불 양족존 歸依佛 兩足尊
　귀의법 이욕존 歸依法 離欲尊
　귀의승 중중존 歸依僧 衆中尊

원효元曉(617~?)는 『대승기신론소大乘起信論疏』에서 삼귀의를 강조하여 이를 귀명삼보歸命三寶로 이름 붙여 설명하였으며, 고려의 나옹懶翁(1320~1376) 스님은 귀의를 '허망을 버리고 진실을 가지는 것'이라고 정의하였습니다.

불교학자 이기영의 탁월한 저서인 원효사상은 첫 페이지부터 원효의 이 귀명에 대한 분석에서 시작하는데, 여기서 귀명은 '목숨을 돌이켜 의지함'이라고 단호히 말합니다. 결국 삼귀의란 목숨까지도 바치며 부처님께 의지하는 선서라고 할 수 있는 거룩한 행위인 것입니다.

그렇다면 무엇 때문에 하나뿐인 목숨까지도 바쳐야 할까요? 멀리 갈 것 없이 바로 나옹의 선택을 이해하면 되는데, '허망을 버리고 진실을 가지는 것'이라고 이미 밝혀드렸습니다. 이 진실眞實이 궁극적으로 무엇인가 하는 문제로 우리들은 내내 번민하며 밤잠을 설쳐야 될지도 모르겠습니다.

우리가 귀의하는 존귀한 양족兩足은 붓다의 두 다리가 아니라, 두 가지를 다 원만히 구족具足했다는 뜻의 양족을 말하고, 그것은 즉 복덕과 지혜를 다 갖춤을 말하는 것입니다.

붓다께서는 스스로 이룩하신 이 복덕의 장으로 모든 세계를 이룩하시며, 장엄하시며, 중생에게 이익을 주어도 중생들은 그 사실을 전혀 모르니 참으로 큰 무명無明이 아닐 수 없습니다.

그런데 어떤 이는 말할 것입니다.

나는 고통만 있고 이익은 없는데요?

부처님을, 붓다를 대신해 제가 말씀드립니다.

"때론 비를 내려 세상을 적시어 이롭게 하거늘, 당신은 하필이면 그때 술에 취해 비에 젖어 감기에 걸렸느냐"라고 말입니다.

참 안타까운 게 이토록 거룩한 공경을 받아야 하는 한국의 승가에는 원효 스님같이 '목숨을 돌이켜 의지'하는 결연함도, 세간의 사람들이 노골적으로 승가를 비난해도, 우리는 절대 그런 수준이 아니니 막말을 하지 말라는 자존심조차 없어 보입니다.

더욱 더 승가가 한심한 이유는 개혁이나 극적인 변화를 요구하는 구성원이나 재가 불자들에게 "현실적으로 난제가 많다"는 논리를 댄다는 것입니다.

아니, 한 인간이 출가하는 것보다 더 현실을 뛰어넘는 일이 어디 있겠습니까?

그럼에도 출가 후 승가의 사판 지도자가 되면, 되레 현실 운운하니 도무지 출가 후 무슨 수행을 했기에 뼛속까지 속화俗化되는지 정말 궁금합니다.

붓다가 되겠나이다,
붓다처럼 살겠나이다
서원, 출가는 신분 상승인가

세상 모든 일에는 목적이 있게 마련입니다. 개인의 삶에는 각자의 인생의 목표가 있을 것입니다. 종교도 차이는 있지만 분명한 목적이 있습니다. 불교의 목적은 두말할 것도 없이 '나도 부처가 되는 것'입니다. 그러나 그것은 무턱대고 되어지는 것은 아닙니다. 그리고 그 되어가는 과정도 중요한 것입니다.

우리가 현세에 부처가 될 수 없어도 부단히 노력해야만 하는 이유가 있습니다. 그러한 노력의 과정에서 저절로 얻어지는 것이야말로, 우리의 삶의 질을 진정한 의미에서 결정짓기 때문입니다.

지금 우리 사회가 모든 분야에서 정체성이 상실되고, 개인에서 기업에 이르기까지 부채가 큰 문제로 대두되는 이면을 분석해 보면, 돈을 버는 목적도 명확하지 않고, 돈을 버는 과정과 방법에 있어, 개인의 노력보다 더 쉬운 방법으로 수입이 보장되는 시스템적인 측면이 없지 않아 있습니다. 전통적인 노동과 근로보다는 테크닉으로 쉽게 돈을 벌다, 그 거품이 제거되고 실체가 드러나 경제의 '과정'에 심각한 문제가 노출되어 수습이 힘들게 되어 버린 꼴입니다. 2008년 미국 투자은행 리먼브라더스 파산에서 시작된 글로벌 금융 위기도 따지고 보면, 선물거래와 무수한 파생상품으로 경제의 핵인 돈의 가치가 왜곡된 데서 발생한 것입니다. 경제란 경세제민經世濟民을 줄인 말이라는 것을 상기한다면 정치인과 정부에 가장 큰 책임이 있음은 분명합니다.

서원이란 불교를 믿으며 붓다의 가르침대로 수행해 나아가며 얻어지는 '어떤 것'이라도 다른 중생들과 같이 하겠다는 스스로의 서약입니다. 즉, 돈이 많으면 필요한 사람과 같이 나누고 정신적인 안락安樂을 얻었으면 그것 또한 필요한 이들에게 안락해지는 방법을 이끌어 주고 하는 그런 거룩하고 숭고한 일인 것입니다. 말이 나왔으니 하는 말인데, 만약 재산이 몇 십억쯤 되면, 몇 백억 가지고 있는 사람이 즐길 수 있는 것은 다 할 수 있지 않을까요?

사람이 자신의 육신의 욕망을 채우기 위해 필요한 돈을 하루에 쓰는 데 한계가 있지 않을까 하는 생각이 들어서입니다. 그렇다면 나머지는 평생 통장의 숫자로 존재하거나 부동산 등의 먹을 수도 입을 수도 없는 물건으로 가지고 있다가 그냥 죽어 버리는데 이게 대체 인생에 무슨 의미가 있겠습니까? 자기 먹을 밥을 굶으면서 주자는 것이 아니라 아껴먹고 남은 밥을 못 먹어 굶어 죽을 사람에게 주자는 말입니다.

붓다께서 머무신 최초의 사원으로, 금강경이 설해진 '기수급고독원祇樹給孤獨園'은 가난한 사람에서 나눠주는 곳이라는 뜻을 가진 절입니다. 인류의 화합을 해치는 가장 심각한 문제는 빈부, 교육, 정보 등의 양극화가 더욱 심화되는 데 있습니다. 한국의 수많은 절들이 지금부터라도 승가의 이익이 아닌, 불교 최초의 절인 기수급고독원의 본래 취지에 맞게 모든 양극화의 해소에 앞장서길 '서원'합니다.

출가는 신분 상승인가

나의 본성 다시 말해 인간의 본성이 과연 무엇일까요? 다른 각도에서의 유사한 질문은 무엇이 인간과 동물이 다름을 구별 지을까요? 아주 직설적으로는 동물 말고 인간만이 가지고 있는 '특별한 것'은 무엇일까요?

기독교인들이야 이 질문 자체가 '신에 대한 모독이다'라고 주장할 수도 있겠습니다. 역사적으로 수많은 사상가들이 나름대로 인간을 정의해 왔습니다. 생각하는 갈대, 사회적 동물, 언어의 표현, 도구의 사용 등을 말하지만 그렇지 않다는 것을 아실 것입니다.

평생을 침팬지 연구에 전념하여, 영장류 연구에 새로운 이정표를 세운 제인 구달Jane Goodal이라는 훌륭한 학자의 연구 성과는 이 모든 것은 동물도 가지고 있음에 반론을 제기할 수 없을 정도로 정교합니다.

그럼 모든 종교에서 요구하는 자비와 사랑 헌신과 봉사가 인간만이 가질 수 있는 유일성일까요? 그래야 합니다. 만약 이것도 무너지면 종교 존재 의미의 상당 부분이 그 '현실성'에 의심을 받게 되니 마지막 보루일지도 모릅니다.

여기에 신뢰할 만한 실험 결과를 소개합니다.

원숭이의 행동규범에 관한 기록 중에 좋은 예가 있다. 그들은 사촌 무리가 모인 결속력이 강한 집단을 형성해 생활하고 있다. 어느 원숭이는 통계적으로는 자신과 공통의 유전자를 많이 가지고 있다고 볼 수 있기 때문에(당신도 그 중 한 사촌이라고 가정하자), 그 겉모습을 통해 혈연의 농담濃淡을 판정할 수 없고, 당신은 그들을 구하기 위해 굳이 목숨을 걸지 않아도 정당화될 수 있다.

원숭이가 사슬을 잡아당길 때에만 먹이가 주어지는 실험 장치가 있다. 그런데 사슬을 당기면 다른 방에 넣어둔 혈연관계가 없는 원숭이에게 전기 충격이 주어지고, 줄을 당긴 원숭이만 볼 수 있는 유리를 통해 그 원숭이의 고통스러운 표정을 볼 수 있다. 그러나 사슬을 당기지 않으면 자신이 굶어 죽을 수밖에 없다.

전후 사정을 모두 깨닫게 된 원숭이는 그 후로는 자주 사슬 당기기를 거부하게 되었다. 어떤 실험 결과에서는 사실을 알고도 사슬 당기기를 계속한 원숭이는 13%뿐이며, 나머지 87%는 스스로 굶는 쪽을 선택했다.

그리고 전기충격을 당해 본 경험이 있는 원숭이는 훨씬 더 사슬 당기기에 대해 거부반응을 나타냈다. 사회적인 위치관계, 혹은 원숭이의 본성이 동료에게 상처를 주는 행위를 참을 수 없게 만든 것이다. 원숭이에게 이런 파우스트식 거래를 강요한 인간 실험자와 동료에게 고통을 주는 대신 극도의 허기를 참아낸 원숭이 중 어느 쪽을 선택하겠느냐는 물음을 받는다면, 우리의 도덕적 공감은 비정한 실험을 한 과학자 쪽으로 향하지 않을 것이다. 그러나 이 실험은 동료를 구하기 위해 자신을 희생한다는 숭고한 정신이 사람 이외에도 존재한다는 사실을 가르쳐 주었다.

원숭이는 교회의 일요학교에 다닌 적도 없고, 십계명에 대해 들어본 일도 없을 것이며, 중학교에서 지루한 윤리 수업을 듣느라 몸을 비튼 경험도 없을 것이다. 사람의 기준에서 본다면 그들의 행동은 모범적이라고까지 할 수 있는 도덕적 토대를 바탕으로 한 것이고 뛰어난 용기로 사악한 유혹을 뿌리친 귀함이 될 만한 것이다.

최소한 이 경우에 한정해서 본다면, 원숭이들에게는 영웅적 행동이야말로 최대의 행동 규범인 것이다. 입장을 바꾸어 인간이 원숭이 과학자에게 붙잡혀, 똑같은 실험을 받는다면, 사람도 원숭이처럼 훌륭한 행동을 할 수 있을까?

인류 역사상 타인을 위해 죽음을 선택해 길이 존경을 받는 인물은 소수이다. 그런 상황 하에서도 아무런 행동도 취하지 않는 사람이 압도적으로 많다.

『잃어버린 조상의 그림자』(칼 세이건과 부인 앤 드루얀 공저) 중에 있는

글인데, 저는 이 대목을 몇 번 읽고 너무나 허탈해서 아무 생각도 할 수 없었습니다.

아니 솔직히 말씀드리면, 죽지 않으려고 아마도 '먹는 쪽'을 택했을 것이라는 자책 때문이었습니다. 상대에게는 '그것이 네 업業이니 어떻게 하겠니. 그리고 내가 살아야 너를 위해 기도라도 할 수 있을 것 아니냐? 다 전생의 업 때문이다'라고 마음속으로 인과와 알량한 자비를 내세웠을 것이었기 때문입니다.

그나마 위안은 칼 세이건의 마지막 멘트인 "인류 역사상 타인을 위해 죽음을 선택해 길이 존경을 받는 인물은 소수이다. 그런 상황하에서도 아무런 행동도 취하지 않는 사람이 압도적으로 많다"였습니다.

그러니 영적인 동물이라는 인간 중에서도 종교인이 원숭이만 못한 언행을 하기도 쉽지 않다는 뜻 아닙니까? 하기야 근래 스님들을 보면 출가가 마치 사회적 신분 상승이나 예외적 위치로 인정받는 아주 대단한 '무엇'이라도 이미 이룬 것 같은 생각들이 판에 박혀 있는 것처럼 보입니다.

시줏돈으로 도박에 빠지고, 해외에 가서 골프도 즐기고, 승단 내에서 폭력이 난무해도 책임 지는 출가자는 거의 없으니 출가가 '예외적 위치'인 것 같기도 합니다.

말귀부터 알아들어야

춘성 스님의 일화와 원각경

춘성春城 스님(1891~1977)은 만해萬海 스님의 유일한 상좌(제자)이셨습니다. 스님은 언행에 승속僧俗을 초탈한 모습을 보여주셨는데, 걸죽한 입담은 수많은 일화를 남겨 놓으셨습니다.

스님은 화엄경을 거꾸로 외울 정도로 경학經學에 밝으셨고, 유언을 "다비한 재와 사리를 서해바다에 버려라"라고 하실 정도로 걸림 없는 삶을 실천하신 분이기도 하셨습니다.

스님 곁에서 수십 년을 공부한 보살님이 계셨는데, 손녀딸이 17~8세에 이르게 되었습니다. 손녀딸이 그 정도 나이면 스님의 '말귀'를 이해할 것 같아 노보살님은 손녀딸에게 "춘성 스님께 가서 법문 좀 청해 듣고 오너라"라고 하였습니다.

손녀딸은 춘성 스님께 정중히 삼배를 올리고 "할머니가 스님 법문을 듣고 오라고 하셨습니다" 하며 다소곳이 앉아 법문을 기다렸습니다.

노보살의 의도를 잘 알고 있는 스님은 그 말이 끝나자 바로 "내 물건이 너무 커서 작은 네 것에 들어갈지 모르겠다"고 하셨습니다.

손녀딸은 스님의 그 말씀에 질겁을 하였습니다. 얼굴은 홍당무가 된 채로 할머니에게 달려와 울면서 스님의 말씀을 전했습니다.

그랬더니 노보살님은 "이것아, 내가 염려했던 대로구나, 네 소갈머리가 그렇게 작으니 스님의 큰 말씀이 어디 들어가겠느냐?" 하며 스님이 역시 안목이 높으시다며 한탄을 하셨다 합니다. 이렇듯 '말귀'를 알아듣는 것은 매우 중요합니다.

듣는 '말귀'의 수준도 모두 그 경계가 다를 수밖에 없습니다. 우리의 중생심은 그 경계에 따라 천차만별인데, 그 각각의 다름이 문제가 되는 것이 아니라 명백한 착각이나 오류라 하더라도 본인은 그 당시에는 전혀 그것을 인정하지 않는다는 것이 정작 문제입니다

이 경우 원각경圓覺經의 환화幻化의 비유가 적절한데, 우리 눈에 티가 들어가 공중에 헛것(환화幻化)이 보여도 중생심은 그것을 실제 존재하는 것으로 '확신'한다는 것입니다.

이 대목은 아주 중요합니다.

『원각경』 보현보살장普賢菩薩章의 대목을 옮기면,

그때 보현보살普賢菩薩이 대중 가운데 있다가 곧 자리에서 일어나 부처님 발에 정례하며 오른쪽으로 세 번 돌고 두 무릎을 꿇고 합장하고서 부처님께 말씀드렸다.

"대비하신 세존이시여, 원하옵니다. 이 모임의 여러 보살들을 위하시며, 또 말세의 모든 중생들로서 대승을 닦는 이들을 위하소서. 이 원각의 청정한 경계를 듣고 어떻게 수행하여야 합니까?

세존이시여, 만일 저 중생이 환幻과 같은 줄 아는 자이면 몸과 마음도 또한 환이거늘 어떻게 환으로써 환을 닦습니까? 만일 모든 환성幻性이 일체가 다 멸했다면 곧 마음이 없으니 누가 수행함이 되며, 어찌하여 또 수행함이 환과 같다고 하겠습니까? 만일 중생들이 본래 수행하지 않는다면 생사 가운데 항상 환화幻化에 머물러 있어 일찍이 환 같은 경계를 요지了知하지 못하리니, 망상심으로 하여금 어떻게 해탈케 하겠습니까?

원하오니, 말세의 일체 중생들을 위하소서. 무슨 방편을 지어서 점차 닦아 익혀야 중생들로 하여금 온갖 환을 영원히 여의게 하겠습니까?"

실은 저도 『원각경』을 볼 때 이 개념에 확연히 공감하지를 못했습니다. 그러던 어느 여름날 저녁 화장실에 쭈그리고 앉아서 일을 보고 있었습니다. 그런데 난데없이 화장실 한쪽 벽면에 엄청나게 큰 벌레 그림자가 보이는 것이었습니다.

저는 반사적으로 '아이쿠, 저것에 물리면 큰일나겠구나' 하고 주변을 둘러보았습니다. 놀라서 나오려고 하던 '그것'이 쏙 들어간 것은 물론입니다. 헌데 그 엄청나게 큰 그림자는 백열전구에 달라붙은 조그만 날벌레였습니다. 저는 어이가 없다는 생각보다는 환화를 체득했다는 기쁨에 그대로 앉은 채로 아랫도리에 힘은 주지 않고 실컷 웃다가 나왔습니다.

여러분들은 '우물 안 개구리'라는 말을 우습게 여기지 말고 정말 겸손해지도록 노력하고 자신의 신념의 경계가 어디까지인가를 늘상 고민해야 합니다.

예를 하나 더 들어 보겠습니다.

여러분들이 친구를 만나서 저녁을 먹게 되었습니다. 당연히 식성이 다르니 어디서 무엇을 먹을지 갑론을박하며 겨우 결정을 했습니다. 이제 그곳에 가서 식사를 즐기는 일만 남았습니다. 일어서려는데 한 친구가 늦어서 미안하다며 하는 말, "그 집 문 닫았어"라고 해 버립니다. 이 한마디로 앞의 모든 자기주장들은 전혀 의미가 없어지는 것입니다.

세상사는 이와 같습니다. 아니 불교의 수행도 마찬가지입니다. 속된 말로 '임자를 못 만나' 자기 잘났다고 설치는 것입니다.

춘성 스님에 대한 말이 나온 김에 놓치기 아까운 일화를 덤으로 소개해 드립니다.

어느 날 춘성 스님이 열차 여행을 하셨을 때의 일이다. 어떤 기독교 전도사들이 열차 객실에서 '예수천당 불신지옥'이라는 피켓을 들고 큰소리로 외치며 지나가다가 마침 삭발염의한 춘성 스님이 앉아 있으니 그 부근을 왔다갔다 하며 더욱 큰소리로 외쳐댔다.

"예수를 믿으라. 그러면 구원을 얻으리라."

"예수는 우리를 위해 십자가에 못 박혔다 3일 만에 부활했나니…."

이때 춘성 스님이 좌석에서 벌떡 일어나서 말했다.

"뭐! 누가 죽었다 살아났다고? 이놈들아, 내 평생에 죽었다 살아난 것은 내 좃밖에 못 봤다!"

이 일갈에 승객들은 폭소를 터트리며 깔깔대고 웃어대니 그 전도사들은 혼비백산 사라졌다고 한다.

막간 우스갯소리
미국 법정에서 오간 대화들

책의 내용이 너무 딱딱한 것 같아 막간 우스갯소리를 소개해 봅니다.

다음은 미국의 검사, 변호사들이 법정에서 주고받은 실제 대화들입니다. (우스갯소리지만 조금 생각을 해야 되는 것도 있습니다.)

1. 박사님, 자다가 누군가 사망하면 다음날 아침까지 그 사람은 그걸 모른다는 것이 사실입니까?
2. 22세 된 막내아들에 대한 질문입니다. 그는 몇 살이죠?
3. 당신 그림이 도둑맞았을 때 현장에 계셨습니까?
4. 혼자 하셨나요, 아니면 단독범행?
5. 전쟁에서 전사한 사람은 동생입니까, 아니면 당신입니까?
6. 그 사람이 당신을 죽였습니까?

7. 충돌 당시 두 사람은 얼마나 떨어져 있었죠?

8. 당신은 그곳을 떠나기 전까지 거기에 있었다죠? 사실인가요?

9. 자살을 하신 것이 몇 번인가요?

10. 문: 임신하신 날이 8월 8일인가요?

　　답: 예.

　　문: 그때 뭐하고 계셨습니까?

11. 문: 자녀가 셋이라고 하셨습니까?

　　답: 예.

　　문: 아드님이 몇 분인가요?

　　답: 하나도 없습니다.

　　문: 따님은 혹시 있나요?

12. 문: 그 계단이 지하실로 통한다고 하셨습니까?

　　답: 예.

　　문: 그렇다면, 그 계단은 지상으로도 통합니까?

13. 문: 이번에 화려한 신혼여행을 다녀오셨다죠?

　　답: 유럽으로 갔다 왔습니다.

　　문: 부인도 같이요?

14. 문: 첫 결혼은 어떻게 끝이 났습니까?

　　답: 그만, 죽어서….

　　문: 누가 죽은 거죠?

15. 문: 그 사람의 인상착의를 설명해 주시겠습니까?

　　답: 중키에 수염이 났습니다.

문: 남자였나요, 여자였나요?

16. 문: 박사님, 죽은 사람에게 부검을 하신 것은 몇 번입니까?

　　답: 내가 한 모든 부검은 다 죽은 사람한테 한 거요.

17. 문: 답변은 모두 (몸동작을 뺀) 구두로 해 주십시오. 학교는 어
　　　디를 다니셨습니까?

　　답: 구두.

18. 문: 박사님, 부검하시기 전에 맥박을 재 보시나요?

　　답: 아니요.

　　문: 혈압은 측정합니까?

　　답: 아니요.

　　문: 혈압이 있는지는 재 보십니까?

　　답: 아니요.

　　문: 그럼, 부검을 받은 사람이 살아 있을 가능성이 있군요?

　　답: 아니요.

　　문: 어떻게 확신하십니까?

　　답: 그 사람의 뇌가 내 책상 위 포르말린 통 속에 있으니까요.

　　문: 하지만 그래도 환자가 살아 있을 수 있는 것 아닌가요?

　　답: 아마 살아서 어디선가 (당신 같은) 변호사 짓을 할 수는 있
　　　을 거요!

용서가 반드시 최선은 아니다

인욕의 양면성

첫 번째 영화 오늘─2011년, 이정향 감독 · 송혜교 주연

영화 '오늘'의 내용: 약혼자가 중학생이 몬 오토바이 뺑소니로 죽게 됩니다. 그래도 여자(송혜교)는 가해자 학생을 위해 법원에 탄원서를 내서 선처를 호소합니다. '용서'가 최선이라고 생각했고, 억울함은 '참는 것(인욕)'이 최선이라고 여겨서입니다. 그런데, 그 가해자 학생이 몇 개월 만에 풀려나서, 학교에서 왕따를 시키며 다른 학생을 죽이게 됩니다. 피해자의 가족은 풍비박산風飛雹散이 나고 맙니다. 여자는 자신이 탄원서를 내지 않고 가해자가 법에 따라 처벌되었으면, 연이은 피해자가 나오지 않았을 수도 있다는 자책감에 빠집니다. 그리고 살인을 당한 피해자 가족들에게 '용서'가 최선이라고 설득을 해왔던 자신에 대한 후회를 합니다.

가해자는 살인을 저질러도 몇 년 후 버젓이 세상을 다니며 '나는 죗값을 치렀다'라고 당당히 사는데, 정작 피해자 가족들은 모두가 하나같이 정신적인 파국을 맞아 고통스럽게 인생을 살아가는 현실에 분노합니다.

영화 속의 이야기지만 '도가니'같이 실제로 이와 같은 일이 빈번히 벌어지고 있더군요. 특히 성폭력은 자살과 더불어 매우 심각한 우리 사회의 공업共業입니다. '가해자에게 자비를', 인간의 모범답안처럼 외쳐대지만(특히 종교에서) '피해자 가족의 평생의 멍에'를 보듬어주는 데는 오히려 인색합니다. 법원에서조차 성폭행 후 살해범에게 너무 관대한 처벌을 한다고 억울해 하는 피해자 가족이 그리 드물지 않은 것이 현실입니다.

금강경의 가리왕歌利王이 주는 고통을 참는 것은 대상이 오직 '나' 하나이고, 그것이 진리를 얻기 위한 과정 중 하나이기에 연기적緣起的으로 문제될 것이 없습니다. 그러나 영화 '오늘'과 같은 같이 사회적이고 법률적 불공평의 경우라면 얘기가 달라집니다.

두 번째 영화 밀양-2007년, 이창동 감독 · 전도연 주연

영화 '밀양'의 내용: 전도연은 아들을 죽인 가해자를 면회하러 갑니다. 물론 교회에 다닌 후 살인자를 '용서'하고, 다 털어버린 다음의 일입니다.

전도연(피해자): 감옥 속이 얼마나 힘들고, 살인을 한 죄책감에 얼마나 힘든 세월을 보내고 있습니까? 그럼에도 얼굴이 좋아 보여 다행이네요.

옥 중 가해자: 한 동안은 후회하고 괴롭고 그랬습니다. 그러나 하나님께 용서를 빌고 구원을 받은 후에는 그렇게 괴롭게 지내지 않고 있습니다. 하나님은 나의 죄를 다 용서하셨기에, 그리고 난 용서를 받았기에 이제는 괴롭지 않습니다. 오히려 하나님의 구원을 받아 걱정이 없어졌습니다.

이 단 한 번의 대화에서 전도연은 진짜 미쳐버립니다. 가해자인 네가 어찌 피해자인 나보다 마음이 편하게 살아갈 수 있는가?

하나님은 피해 당사자인 내 동의를 받고, 내 아들을 죽인 살인자를 용서하고 구원하셨던가? 내 인생은 영혼까지 고통을 당해도 그냥 보고만 계신 하나님이 어떻게 살인자는 구원하는가 말이야!

그럼 나는 뭐야? 나는 도대체 뭐냔 말이야!

이제 인욕에 대해 다시 생각해 보아야 합니다. 스님들은 신도들에게 아무리 억울해도 전생의 업이니 참고 인욕하라고 요구합니다. 그러나 그것이 전생의 업인지 현생 인(因)의 시작인지 어찌 확언할 수 있겠습니까? 전생의 업이라면 견뎌내야 하겠지만, 현세에 시작되는 새로운 인(因)이라면 상대를 위해서라도 대가를 치르게 하는 것이 옳은 일입니다. 불자라면 단순한 인욕이 아니라 인욕에 지혜를 더한 인욕바라밀을 행해야 합니다.

중생의 소원에 따라 진화된 만능 불 · 보살

불 · 보살의 본원

붓다께서는 생사를 초월하는 것을 목표로 수행을 하셨다고 경전에서는 밝히고 있습니다. 인간의 생사 초월은 인간의 목표의 최종단계입니다. 그렇다고 진시황처럼 불사不死를 염두에 둔 것은 아닙니다. 초기 부파불교까지도 붓다는 아라한이고, 거기에 성문과 연각이 더해졌을 뿐입니다.

기원전 100~200년 전 초기 보살 개념이 등장했습니다. 보살의 모티브는 힌두의 여러 신이었지만, 좀 더 중생들과 친근한 구제와 원력을 보살의 정체성으로 발전시켰던 것입니다. 그래서 불교의 보살은 힌두의 신들과 달리 중생들 위에 '군림'하는 경우는 상상할 수조차 없습니다.

붓다의 경우는 여러 생의 수행을 통해 현생에 '붓다'를 이룬 것이라고 하며, 깨닫기 전의 수행 중인 붓다의 전신前身 삶을 보살이라고 지칭했던 것입니다. (그런데 붓다인 석가모니불을 왜 현재불이 아니라 '과거불'이라고 부르는지 의아합니다.)

보살의 개념은 확장되어 붓다를 이루기 전의 모든 수행자를 지칭하거나, 중생을 위해 성불成佛을 능동적으로 유예하는 각자覺者의 개념으로까지 발전하게 됩니다. 또한 초기 보살은 각각의 원願들이 분명합니다.

중생을 위해 '어떻게 하겠다'는 목표가 뚜렷했다는 것인데, 후대로 갈수록 만능의 보살이 되어 버립니다. 게다가 불·보살이 거의 같은 원을 공유하기까지 합니다. 그래서 약사불과 약왕보살의 차이가 분명치 않게 되는 지경에 이릅니다.

오래 전에 불·보살의 서원誓願을 정리해 해설서를 내려고 준비한 적이 있습니다. 법장비구가 48가지 원을 세워 성취된 세계가 극락정토이고, 약사불은 병고病苦 등으로 고통 받는 중생들을 구제하겠다는 12대원이 있습니다. 천수경 끝의 여래 10대 발원은 실제로는 석가모니불을 중심으로 한 일체의 부처가 일체의 중생을 구제하겠다는 발원인 것입니다.

이렇게 불·보살들의 각각의 원들을 모으려 자료를 수집하다 보니 문제가 생겼습니다. 경전에 밝힌 불·보살의 명확한 서원이, 실은 몇 불·보살에 지나지 않는 것입니다.

화엄경에 가장 빈번히 주인공으로 등장하는 문수보살은 대지혜大智慧(대지문수), 보현보살은 대실행大實行(대행보현)으로 그저 한 가지만을 대변하고 있습니다. 물론 대지혜와 대실행이면 사실상 수행의 완성이긴 합니다.

하지만, 화엄경 · 법화경의 무수한 불 · 보살의 명호에 비하면 그 보살들의 원顯, 즉 중생을 위한 회향은 상당 부분 겹치거나 내용 없는 이름만으로 존재하는 불 · 보살도 허다합니다. 다만, 화엄경 제36품 보현행원품은 독립된 경으로 인정받을 만큼 거룩한 내용이니 기회가 되면 한번 읽어보시는 것이 좋습니다.

어쨌든 대승불교의 모든 불 · 보살의 복잡한 개념은 중생들이 느끼는 고통도 다르니 불 · 보살의 원력도 다르다, 그것을 불 · 보살의 '방편'이라는 말로 정리를 할 수 있습니다.

다행히도 우리에게는 인간으로서 궁극의 경지에 도달하셨던 실존 인물인 고타마 싯다르타(붓다)가 있습니다. 인류의 정신적 진화의 마지막을 보여주셨다고 해도 되고, 종교적으로는 부정할 수 없는 깨달음의 실체를 증명해 주신 '그분'이 있기에 방편方便을 방편이라 부를 수 있는 것입니다.

우리나라에는 유명한 관음기도 도량이 많은 편입니다. 큰 불이 나서 거의 소실된 도량을 복원해야 했던 낙산사가 대표적입니다.

그런데 연인원으로 비교해 가장 많은 불자들이 몰리는 도량은 대구 팔공산 갓바위 불상입니다. 흔히 한 가지 소원을 이뤄준다고 소문이 난 약사여래불상으로 알려져 있습니다.

통일신라 때 조성된 높이 4m에 달하는 이 불상의 본래 이름은 관봉석조여래좌상冠峰石造如來坐像으로 머리에 관을 쓴 독특한 양식의 불상입니다. 이 돌로 된 관冠을 머리에 이고 있는 모습이 학사모學士帽를 연상시켜 특히 입시기도에 '기도빨 좋은' 불상으로 알려져 있습니다. 2013년 한 방송에서는 갓바위에 기도하러 오는 연인원을 공개한 적이 있는데 무려 1년에 1,300만 명에 달한다고 합니다.

믿음을 저버린 '양심'이 더 종교적일 수 있다
종교적 신념과 믿음의 공허

종교적 믿음의 근거라 하더라도 처음부터 100% 확실하게 인지되어 '믿음'을 얻게 되는 것은 거의 불가능합니다.

부처님도 예수님도 마찬가지였습니다. 두 분 다 어떤 계기와 실천, 그리고 시행착오가 있었습니다. 다만 두 분이 우리와 다른 점은 그분들은 1%에서 시작한 것을 직접 확인하고 체험하시며 100%로 완성해 내신 분이라면, 우리는 100%를 갖고 있다고 착각하며 시작해서 1%도 온전히 자기 것으로 이루지 못한다는 점입니다. 두 분은 당시로서는 종교성宗敎性과 같은 동기 유발의 요인보다는, 오히려 기존 사상에 대한 저항과 개혁정신으로 세상을 바꿔놓으신 분이십니다.

그럼 우리의 신념과 믿음(꼭 종교적 믿음을 말하는 것은 아닙니다)이 얼마나 공허한가를 거론해 보겠습니다.

우리는 많은 종류의 '믿음' 속에 살아가고 있습니다. 아니, 오히려 그러한 믿음들이 전제된 삶 속에 갇혀 살아가고 있습니다. 일어나자마자 화장실에서 읽는 조간신문이 배달되어지지 않으면 어떤 생각을 하시겠습니까? 매일 아침에 출근길에 이용하는 지하철이 예고 없이 운행을 멈추고, 점심시간에 음식을 주문했는데 배달이 되지 않는다면 어떤 생각을 하시겠습니까?

이 정도의 믿음에 대한 배반쯤이야 대범하게 참으며 하루를 넘기면 잊어버릴 수 있는 일들일 수 있습니다. 그러나 우리가 그토록 믿고 또 그렇게 믿기를 교육 당해 왔던 역사적 사실에 대한 '믿음'과 종교적 '믿음'의 일부가 허구로 가득 찬 조작된 진실임을 알았을 때는 어떤 기분이 들겠습니까?

이 들통 날 날만 기다리는 역사적 사실에 대한 '믿음'이 종교적 '믿음'에도 적용된다면 이건 보통 심각한 문제가 아닙니다. 그러나 불행하게도 종교도 인간이 하는 행위 중 하나인 까닭에 왜곡의 범주를 크게 벗어나지는 못하는 것 같습니다.

중세 교회의 불미스럽고 반인륜적인 행위를 그 당시 교회의 수장들은 어떤 '믿음'을 가지고 행했을까요? 교황의 성서 속 하나님에 대한 믿음이 평신도의 믿음보다 더 영적靈的이라고 믿어야 하는 근거는 어디에 있을까요?

달라이 라마의 언행에 정치적 무엇인가 내재되어 있다고 의심하면 불순한 생각일까요?

그의 말이면 무슨 내용이든 불교의 교과서적 가르침이라는 '믿음'

의 근거는 과연 옳은 것일까요?

교황청이 유대인 학살에 개입했다거나 적어도 방조한 사실에 불쾌감을 표하면 교회를 모독하는 일일까요?

절에서 행하는 불사 중 '천 불', '만 불' 봉안 불사佛事는 예배 대상으로서의 불상을 모시기 위함이 아니라, 단순히 법당을 짓는다 공고하면 시주가 잘 안 되고, 부처님을 봉안하며 이름을 새겨주어야 시주가 잘 되기 때문이라고 밝히면, 이 또한 불교에 대한 '믿음'을 손상시키는 것일까요?

신도들에게 솔직히 입장을 설명하며 순수하고 진정한 '믿음'에 의지하면 왜 당연한 불사가 이루어지지 않게 될 지경에 이르렀는지, 앞으로 언제까지 이런 편법을 써야만 하는지 승속을 막론하고 깊게 반성하고, 과감히 버려야 할 우리의 부끄러운 모습임을 굳이 숨기지 않겠습니다. 종교적 탈을 쓴 위선보다 믿음을 저버린 '양심'이 더 종교적일 수 있습니다. 저버린다는 것은 집착을 넘어선 초월을 의미하기 때문입니다.

종교적 양심을 지키고, 붓다의 삶을 흉내 내며 사는 것이 출가자의 바른 삶이라는 신념에, 또 나 하나쯤은 불자들의 순수한 보시로 살아갈 수 있을 것이라는 '믿음'이 있었습니다. 그래서 명색이 절의 주지임에도 인터넷 전법에 전념하며 입시기도나 천도재 등 일체의 기복 행위를 하지 않았습니다. 10여 년을 그렇게 순수한 보시에만 의존해 살다 보니 어느 날부터 절 살림이 난감해지더군요. 이런 난감한 현실을 10여 년이나 겪고 있는 지금도, 붓다 흉내 내기 삶을 바꾸려 하지 않는 내가, 때론 스스로 야속할 때가 있습니다.

그런데, 정말 재미있는 것은 붓다 흉내 내기의 시작이 화엄경 독경기도를 3년 마치고 나서, 불현듯 '그렇게 살지 않으면 차라리 중 노릇 그만하는 게 도리다'라는 원력이 발동해서입니다.

이것도 믿거나 말거나 한 넋두리지만 이 책을 읽는 여러분들이 '비판을 해대는 너도 결국은 실속은 다 차리며 말로만 떠드는 중 아니냐'라는 선입관을 갖는다면, 앞에서 고백했듯이 화를 잘 내는 저로서는 참기 힘들 것 같아 밝혀 둡니다.

신비주의 주의보

수행의 마장을 경계하라

미국의 한 시립병원에서 일어난 일입니다. 한 시립병원은 행려병자를 주로 돌보며 연고가 없는 중환자들도 치료를 맡고 있는데, 자연히 호스피스 병원 역할도 하게 되었습니다. 병원 직원이 병원 동의하에 입양한 한 마리의 유기견은 의사, 간호사는 물론 환자들에게까지 서로 좋은 친구 사이로 지내게 되었습니다.

이 병원은 연고가 없는 노인 환자가 많아, 어떤 때는 한 달에 몇 번씩 직원들이 환자의 마지막을 지켜보기도 해야 했습니다. 그런데 어느 날 그곳의 간호사가 우연히, 개가 문을 발로 긁고 안으로 들어가고 싶어 하는 병실이 있다는 사실을 발견했습니다. 더군다나 개가 그 병실에서 환자와 각별한 애정을 나눈 후 2~3일 안에 그 환자는 반드시 죽는다는 사실도 확인했습니다.

그래서 병원에서는 이런 개의 행동이 환자의 죽음과 연관이 있는

지를 관찰하기 시작했습니다. 놀랍게도 개가 밤을 같이 지내고 난 환자는 모두 수일 내에 사망하니 참 신기한 일이었습니다. 병원에서 일어나는 일이니 의사들이 인과因果를 밝히려는 의학적 노력을 다했습니다. (인과는 이런 경우 사용할 수 있는 가장 명확한 언어입니다.)

그럼에도 인과관계를 밝히지 못하자 병원 관계자는 동물과 생각을 교환하는 신비한 능력이 있다는 여자를 데리고 와 개에게 물어보았습니다. 물론 여자가 그 개와 눈빛을 마주치긴 해도, 그 개의 마음을 전한 것은 그 여자였습니다. 개가 전하는 말은 "나는 사람을 사랑해요. 사람이 죽어가는 게 너무 안타까워 조금이라도 같이 있고 위로해 주고 싶어서 그런 행동을 합니다" 였습니다.

이번에는 같은 이유를 밝히기 위해 개 전문가의 의견을 들어 보았습니다.

개 전문가는 그 놈이 병원에 온 이후의 행동 변화에 대해 직원들에게 상세히 물어보았습니다. 한 직원의 말이 개가 병원에 입양된 지 얼마 되지 않아 주변 분위기에 낯설어 할 때, 한 병실의 환자가 그 개를 유난히 사랑해 주었다고 합니다. 개도 어느 날은 침대 위로 올라가 환자의 머리맡에서 같이 잠도 자고 할 정도로 서로 교감이 잘 되었다고 합니다. 그러던 어느 날 환자가 죽음을 맞이했습니다. 개는 같이 자 줄 친구를 잃은 것입니다.

이런 일이 있은 후 개는 매일 불특정하게 병실의 문을 열어달라고 병실 문을 긁고 그 병실의 환자와 밤을 같이 지내는 일이 시작되었는데, 희한하게 그 개가 선택한 방의 환자는 예외 없이 죽는 상황이 반복된 것입니다. 이쯤 되면 사람들은 신비스런 결론에 빠질 충분한 준비를 스스로 하고 있게 됩니다.

사실은 이렇습니다. 이 개는 처음으로 가까이 지냈던 환자가 죽음을 맞는 며칠 동안, 환자에게서 나는 특이한 냄새를 맡은 것입니다. 점차 몸의 기능이 극도로 저하되어서 나오는 질소, 암모니아같이 평상시에는 잘 나지 않는 냄새를 포착한 것입니다.

개 코의 능력은 인간보다 최소 100만 배 이상이니, 인간이 알아챌 수 없는 아주 미세한 냄새까지 분별이 가능하다고 합니다. 병원의 이 개는 첫 죽음을 맞은 환자의 임종을 앞두고 발산되는 체취를 정확하게 기억하고 있었던 것입니다. 그리고 다른 환자에게 유사한 냄새가 나면, 바로 그 병실 앞에서 문을 열어달라고 의사표시를 한 것입니다.

실제 개들의 이런 능력을 활용하려고 의학계에서 연구를 하는 것을 보았습니다. 특정 암세포의 경우 특정 냄새를 내뿜는데, 냄새를 일으키는 분자 수가 너무 적어 개를 이용해 실험을 하고 있었습니다. 심지어 간질환자의 경우 발작 수 분 전에 손바닥에 특정 냄새가 나는 전조증상이 나타난다 합니다. 그래서 개를 훈련시켜 간질환자가 외출시 동반하도록 하고, 개가 환자의 손바닥을 세차게 핥으면 발작 예고 3분 전이라는 경고를 받는 것이 된다 합니다.

환자는 즉시 쓰러져도 비교적 안전한 곳으로 움직일 시간은 충분히 확보할 수 있다는 것입니다. 건널목을 건너다 간질로 쓰러지는 것과 인도의 벤치에서 발작을 당하는 것은 생명과 직결될 수도 있습니다. 더욱이 그 환자가 시각장애자일 경우에는 말할 필요도 없을 것입니다.

우연히 보게 된 KBS 동물의 왕국에서 방영된 내용입니다.

이 정도 사례 수준으로는 신비주의로 흘러도 당사자의 인생 방향이 바뀐다고까지 할 수는 없습니다. 그러나 '풀잠자리 알을 우담바라'로, '불상이 땀을 흘려 길흉을 예고한다'는 등 이런 것에서 시작해, 종교와 결부만 되면 일단은 무조건 '신비주의'로 몰아야 직성이 풀리는 집단이라면, 종교는 그들에게 안온과 지혜를 주는 것이 아니라 집착과 맹신으로 인간의 보편적 지성마저 빼앗아 버리는 꼴이 되는 것입니다.

한창 수행할 때인 30대 중반에 먹고 싶은 반찬을 생각하면, 저녁 공양 시 공양주가 그 반찬을 내놓는 '우연'이 거의 20일 동안 반복되었습니다. 며칠은 으쓱하며 신기했으나 이 우연이 계속되자 덜컥 '아, 내가 수행의 마장에 걸렸구나!'라는 겁이 나기 시작했습니다.

그래서 그 신비한 마장에서 벗어나야 된다는 기도를 따로 했습니다. 한 일주일을 밤낮으로 정진하니 그제야 저녁 반찬을 맞출 수 없게 되더군요. 그때의 시원함은 이루 말할 수 없었습니다. 그런데 오늘의 승가에서는 '수행의 마장'이라는 말을 들어보는 것조차 어려운 것 같습니다.

단지 감각의 오류일 뿐

우주인, 임사체험, 심령현상

우주인이란 지구 대기권 밖을 경험한 사람을 통칭하는 말입니다. 우주정거장에 몇 달을 머무는 경우도 있고, 몇 시간 만에 대기권 아래로 돌아온 우주인도 있을 겁니다. 미국의 우주인은 수백 명에 이른다 합니다. 우주정거장은 대개 지구에서 330~410km의 고도를 유지하며 시속 2만 7740km(초속 7.7km)의 속도로 하루에 지구를 약 15.78회 공전한다니, 우주인들이 거주하는 환경은 생각보다 열악하고 인체에 미치는 영향도 적지 않을 것이 뻔합니다.

그래서 NASA를 비롯한 민간 연구기관들이 우주인에 대한 매우 정밀한 실험과 연구를 지속적으로 한다고 합니다.

대기권 밖에 머물며 지구를 내려다보는 일은 너무나도 특별한 경험이라 우주인들은 각자 각별한 마음의 변화도 필연적으로 겪게 된다고 합니다. 따라서 지구의 환경과 어느 정도 유사한 육체적 환경 변화에 따른 연구보다는, 오직 선택된(우주인이 된다는 건 정말 선택된 것이지요) 사람들만이 상상을 넘는, 자연 변화를 직접 겪는 마음의 변화나 충격에 대해 연구가 집중되는 경우가 많다고 합니다.

연구에 따르면 거의 80% 이상의 우주인이, 우주선 안에서 밤과 낮에 상관없이 눈을 감으면 불꽃놀이 하는 장면을 보는 듯한 강렬한 빛이, 아주 순간적으로 눈앞에서 번쩍 하고 나타났다 사라지는 경험을 했다고 합니다. 이 현상을 신을 믿는 우주인은 신이 자신의 존재를 우주인에게 인식시키려는 방법으로 믿기도 한답니다. 그러나 종합적인 연구 결과는 대기권 안으로는 들어올 수 없는 우주의 미립자들 중, 특별한 성격을 가진 미립자가 우주인의 뇌세포 중 시각세포를 관통해서 지나갈 때, 마치 바로 앞에서 밝은 섬광이 번쩍 하는 듯한 느낌을 받는다고 합니다.

사례가 우주인에 한정되어 있고 우주인에 대한 광범위한 연구가 진행 중이기에, 이 결과를 두고 "과학적 진실이 아니다"라고 반박하는 사람은 거의 없다고 합니다.

그러나 임사체험의 경우는 훨씬 경험자도 많고, 세계 곳곳에서 유사한 형태로 보고되어 왔습니다. 갑작스런 심장마비나 호흡 정지 또는 사고에 의해 자신이 죽었다 다시 살아왔다고 주장하는 것이 임사체험입니다.

임사체험자는 정신이 육체를 빠져나와 높은 곳에서 자신의 몸을 내려다 볼 수 있게 되고, 어두운 터널이나 나선형의 긴 공간을 통과하고, 강한 빛을 볼 수 있게 되고, 때론 이미 죽은 친척이나 친구를 만나기도 한다고 증언하는 것이 대부분입니다.

사실 저는 이런 임사체험자의 말이 너무나 비슷하다는 것이 오히려 사실성을 의심케 하는 요인이라고 개인적인 생각을 하고 있었습니다.

아니나 다를까, 최근에 괄목할 만한 발전을 거듭하고 있는 뇌과학자들이 속속 실험의 결과를 내고 있습니다. 더욱이 뇌전문 신경학자들도 병원에서 직접 사례별로 자료들을 모으고, 임상실험도 적극적으로 하고 있습니다. 그 결과, 임사체험은 죽음을 맞기 전 뇌에 산소의 공급이 중단되어, 산소의 농도가 아주 미약해지면 뇌세포들이 '에러'를 낸다는 결론을 내리고 있습니다.

전투기 비행조종사 또한 중력가속도 이상의 속력에서, 뇌로 가는 혈액이 급감해 잠깐 정신을 잃고 느끼는 '드림렛dreamlets'이라는 터널 시각을 경험함은 물론 임사체험자가 겪는 것과 매우 유사한 현상을 겪는다고 합니다.

임사체험보다 더 오래된 역사가 있는 심령 현상(psychical phenomena)은 사후의 세계와 관련된 가장 극적인 신비로움으로 가득합니다.

영매靈媒에게 부탁하면 죽은 조상이나 사랑하는 연인과 의사 교환이 가능하다니 얼마나 신비스럽습니까? 통일교의 공식 명칭은 문선명 사후 2013년 '세계평화통일가정연합'으로 정해졌습니다만, 초기 공식명칭이 '통일심령협회'였습니다. 별 성과가 없었는지 지금은 거의 거론하지 않고 있지만, 실제 심령心靈 현상에 대해서도 상당히 연구를 하였습니다.

이 심령현상에 가장 집착한 나라가 바로 영국입니다. 심지어 공개된 장소에서 영매를 시켜, 죽은 사람과의 대화를 시도했다는 기록은 셀 수 없이 많습니다. 그 사회적 파장이 만만치 않았던 것입니다.

드디어 1882년 물리학자 W.바레트가 심령현상을 과학적으로 연구할 필요가 있다고 주장하여, 심령연구협회(The Society for Psychical Research)가 설립되기에 이릅니다.

이에 영향을 받아 미국에서도 유사한 단체가 생겨, 이 두 나라에서는 과학적 조건하에서 심령현상을 재현해 내는 데 총력을 다하고 있습니다. 직접 연구를 주도한 많은 과학자와 철학자가 내린 결론은 "심령현상에는 의식적 또는 무의식적인 사술詐術이나 오류誤謬가 수반한다는 사실 이외에는 결정적 해답을 얻을 수가 없었다"는 것이었습니다.

요즘 마술을 보면 '내가 속는 것인데, 그 속이는 기술이 누구나 할 수 있는 수준은 아니다'라는 생각을 하지, 정말 신비하고 초과학적인 현상이 마술에 있다고 믿지는 않습니다.

심령현상도 영매의 테크닉과 우리 감각의 오류가 만들어내는 합작이라는 것입니다.

임사체험의 경우는 아무리 과학적 결과를 제시해도, 여전히 납득을 하지 않고 자신의 경험을 '죽기 직전에 살아났다'라고 하지 않고,

'죽었다 살아났다'고 믿는 사람들이 있습니다. 그런데 이들은 독실한 기독교 신자인 경우가 대부분입니다. 아직 우리나라는 연구가 부족해 임사체험에 관해서는 자료를 낼 수준에 미치지 못하고 있습니다.

붓다께서는 사후의 세계와 영혼의 불멸에 대해서는 무기無記로 답하신 것이 정설입니다. 이런 예에서 보듯이 불교가 과학의 발전과 결과에 무관심하거나, 종교는 신비해야 한다는 착각에서 벗어나지 못한다면, 앞으로 중생들을 위해 해 줄 수 있는 일들이 별로 많지 않아질 것이 자명합니다.

종교인의 오류는 누가 책임을 져야 하나?

뉴턴은 종교인이 아니었다

　과학자들은 지구에서 보낸 화성 탐사선이 언제 화성 표면에 안착할지 초 단위까지 정확히 예측할 수 있습니다. 더욱 천 년 아니 만 년 후의 일식 현상까지 정확히 맞출 수 있습니다. 그것도 어떤 종류의 일식이 지구상의 어디에서 가장 잘 관측되며, 어디에선 태양의 몇 퍼센트가 가려진 현상이 나타난다고까지 한 치의 오차도 없이 말입니다.

　이것은 고전 물리학의 창시자인 뉴턴이 1697년 발표한 "질량을 가진 물체들 사이에는 서로 끌어당기는 힘이 있다"는 만유인력의 법칙에 의해서 계산이 가능합니다. 그런데 이처럼 정확한 뉴턴의 법칙이 우리의 상식보다 훨씬 큰, 다시 말해 빛의 속도로 수만·수억 년을 지난 공간의 우주적인 거시세계에서나, 반대로 전자 단위의 극히 미시적인 세계에서는 쓸모가 없어지고 맙니다.

거시세계에서는 아인슈타인의 상대성이론이, 미시세계에서는 하이젠베르크Werner Karl Heisenberg(1901~1976)와 슈뢰딩거Erwin Schrodinger(1887~1961) 등이 정립한 양자역학이 적용되지 뉴턴의 중력 이론만으로는 완전한 설명이 안 되기 때문입니다.

만약 뉴턴이 다시 살아난다 하더라도 그가 과학자라면 자신의 부족함을 순순히 인정할 것입니다. 자신의 평생의 노력이 물거품이 된다 하더라도 잘못된 이론을 인정하는 것이 과학자의 마지막 자존심을 지키는 일이기 때문입니다.

종교에서도 이와 같은 상황이 똑같이 적용될 수 있을까요?

종교는 때론 본래의 역할과 관계없이 미래를 예견해야 하는 일을 떠맡아야 했을 때도 있었습니다. 현재도 사이비 종교일수록 스스로 예견을 주 임무로 자처하기도 합니다. 하지만 예나 지금이나 그 예견이 빗나갔을 때, 책임 있는 해명이나 오류를 인정하는 경우는 매우 드물다 할 수 있습니다. 대부분의 종교인은 본인이 이룩한 '종교적 무엇'에 비해 상대적으로 분에 넘치는 사회적 평가와 권위를 인정받아 왔음을 부인해서는 안 됩니다.

불교와 기독교의 경우 대부분 붓다와 예수의 몫이지 자신의 것이 아님을 반드시 깊이 있게 성찰해야 합니다. 심지어 14세기부터 중세에 있어서의 성직자는 하나님의 종복으로 충실하기 위해 수백 년간 인류의 지성에 반하는 행동을 정당화했었습니다. 그리고 현대에 이르러서야 부분적이나마 자신들의 오류를 인정하고 있습니다.

불교 역시 기독교보다 먼저 발생하여 인류 역사에 직간접으로 영향을 미쳐왔고 지금도 마찬가지입니다. 문제는 불교의 수행자도 미래 어느 때에 기독교의 성직자처럼 똑같은 고백을 하지 말라는 법이 없다는 것입니다. 물론 불교는 기독교와는 근본적으로 다른 점이 많기는 합니다. 우선 교리상으로 국가적 단위의 집단으로 영향력을 행사할 수 있도록 하는 개연성에서 현저한 차이가 납니다.

또한 실천적인 면에 있어서도 불교는 개인의 수행을 위주로 하는 무신론이라, 기독교보다 사회와 외적 환경의 변화에 상대적으로 민감해질 개연성도 현저히 떨어지기는 합니다. 그렇다고 불교가 미래에 발생할지도 모르는 '참회'에 대비하지 않아도 된다는 확신은, 100년 안에 불교가 세계 최대의 종교가 될 것이라고 장담하는 것보다 더 무모한 확신이 될 것입니다.

당장 우리는 부파불교시대 수백 년을 불필요한 논쟁으로 소모된 쇠퇴의 시대라 말하고 소승小乘이라 폄하합니다. 아마 그 시대의 논사들이 지금 앞에 있다면 우리는 그들에게 해명과 반성문을 요구할 것입니다.

그렇다면 현재 한국의 불교가 지향하는 교설敎說이나 수행법, 더욱 신도들에게 방편이라는 명목으로 행하는 일련의 종교적 행위가 미래의 반성을 염두에 둘 수준은 절대 아니라고 자신할 수 있는지는 정말 의문입니다. 지금 출가자와 재가 불자 모두에게 미래에 참회해야 할 일이 없도록, 한 번쯤 점검해 보자는 말은 짓지도 않은 죄를 인정하자는 것과 같은 것일까요? 아니면, 뉴턴은 종교인이 아니었다는 사실을 저만 망각하고 있는 것일까요?

중생이 바라는 대로 맡기겠나이다

기복불교, 원력불교

저는 이 몸 전체를
중생이 바라는 대로 맡기렵니다.
항상 죽이고 욕하고 때리는 등
무엇을 하더라도 받아들이겠나이다.

내 몸을 가지고 장난질하며
꾸짖고 비웃는 재료로 쓸지라도
이미 이 몸은 그들에게 준 것이니
이를 아낀들 무슨 소용이 있겠습니까?

그들에게 해를 끼치는 일이 아니라면
어떤 일이라도 하겠나이다.

내가 언제라도 기쁨이 될지언정

의미 없는 일이 되지 않게 하여 주소서.

이 게송은 7세기 티베트 논사 샨띠데바의 『입보리행론』(청전 옮김. 담앤북스 간) 제3장 보리심 전지품에서 발췌한 구절입니다. 물론 화엄경의 35 보현행품이나 39 입법계품에 등장하는 심심미묘(甚深微妙)한 뜻을 담은 게송과는 비교할 수 없지만 말입니다.

사실은 경전에 수록된 내용과 비교하기 위해 일부러 논사의 게송을 뽑았습니다. 참으로 현대적인 감각이면서 대승불교의 생명인 이 타정신을 잘 묘사하고 있기 때문입니다.

아시다시피 티베트 불교는 달라이 라마에 의해 주목을 받게 되었지만(나라를 중국에 잃은 대가로 받는 과보(果報)라고 생각하기엔 너무 가혹한가요) 티베트 불교가 중관 사상과 밀교를 두 축으로 정립된 시기는 우리보다 훨씬 늦은 7세기경부터입니다.

발원문 형태의 이 게송을 보면 샨띠데바는 중관 사상을 이어받은 논사가 틀림없는 것 같습니다. 중생을 위해서는 자신의 이익과 안락을 포기하고, 중생을 위해서는 목숨까지도 버린다는 숭고한 원력(願力)과 서원(誓願)이 가히 보살을 연상케 합니다.

아래는 『법화경』의 25번째 품인 「관세음보살보문품」 중에서 발췌한 몇 구절입니다. 실제 경전에서는 아래와 같은 순서로 게송이 연결되지는 않습니다.

어떤 이가 해치려는 생각을 품고 불구덩이에 밀어서 떨어뜨려도
관세음의 거룩한 힘을 염하면 불구덩이를 못으로 변하게 하리.

바다에 빠져서 떠내려가며 용과 사나운 고기, 귀신의 난을 만나도
관세음의 거룩한 힘을 염하면 사나운 풍랑에도 무사하리라.

어쩌다 국법을 어긴 죄로 사형을 당하여 죽게 되어도
관세음의 거룩한 힘을 염하면 칼날이 조각조각 꺾이고 부서지리.

음흉한 저주와 독한 약으로 나의 몸을 해치려 하는 자는
관세음의 거룩한 힘을 염하면 도리어 그 사람이 해를 받게 되리라.

「관세음보살보문품」은 이런 '영험'으로 관음 신앙을 대표하고 있습니다.

3~4세기경에 정립된 법화경은 각 품들이 워낙 '조합형' 경전이라, 일곱 가지 비유를 제외하면 각 품의 연결이 좀 부자연스럽긴 합니다만, 그래도 「관세음보살보문품」이 『법화경』에 추가된 것은 뜬금없다는 것이 개인적인 생각입니다. 굳이 추론하자면 법화경 전체가 신앙의 경전이라 논사들이 이 조합을 선택했다고 이해할 수밖에 없을 듯합니다.

앞서 금강경을 깨달음의 확신에 대한 경전, 법화경을 신앙적 믿음을 강조하는 경전으로 대비해서 비교한 내용을 상기하시면 이해

하는 데 도움이 될 것입니다.

여기에서 여러분은 과연 경전의 일부인 「관세음보살보문품」과 한 수행자의 논서인 『입보리행론』 중 어느 쪽이 더 붓다의 가르침에 가깝다고 생각하십니까?

실은 이런 질문 자체가 여러분의 수준을 인정 못하겠다는 말과 같습니다. 정작 문제는 한국의 대강백이나 선사들도 "「관세음보살보문품」은 현실에 부합하지 않는다"라는 '선언'을 못한다는 것입니다. 오히려 권장을 합니다.

그렇다면 여러분에게 「관세음보살보문품」에서 말하는 것과 같은 위급한 상황이 닥친다면(당연히 그런 일은 없겠지만) 현실적 해결책을 택하시겠습니까, 아니면 전적으로 관세음보살에 의지해 해결을 하시겠습니까?

이것의 선택도 망설여진다면 배를 타고 여행하다 사고가 나면 구명조끼를 먼저 챙기겠습니까, 「관세음보살보문품」을 먼저 챙기겠습니까?

억울한 송사를 당하면 방에서 「관세음보살보문품」 독경만 하겠습니까, 변호사를 선임하는 것부터 고민하시겠습니까?

이쯤 되면 어떤 선택이 나를 살리는 길인가는 분명해진 셈입니다. 기복과 신앙의 불교보다는 원력과 서원의 불교를 신행해야 한다는 점을 강조하고자 드린 말씀입니다.

「관세음보살보문품」이 세상에 유통되던 3~4세기에 인도와 중국은 전쟁에서 살아남는 게 행복이었고, 포악한 군주들에게 백성들이 지극히 시달림을 당하던 '억울함'의 시대였습니다. 또한 해상 무역이 활발했지만 배를 타고 바다로 나간다는 것은 거의 반죽음을 각오해야 될 만한 일이었습니다.

　그런 연유로 지금과는 지적으로 비교할 수 없는 수준의 중생들에게 이런 신앙적 '담보'가 유효했을 수도 있습니다. 그러나 신神의 능력도 인정받기 어려운 현대에, 위와 같은 문구로 위안을 삼으라는 것은 너무 무책임해 보입니다.

　달라이 라마, 틱낫한같이 현재 세계적으로 통하는 각광받는 스님들의 불교는 사실상 신앙적으로 인정받는 것이 아니라, 인류가 공유하는 보편적 가치에 얼마나 다가섰는가가 그 잣대가 됨을 한국불교는 새삼 되새겨야 할 것입니다.

다른 눈으로 세상 보기
사이언톨로지교와 라엘리안 무브먼트

하나의 종교가 만들어지고 생명력을 유지해 가는 일은 결코 쉽지 않습니다. 가장 많은 신자를 거느린 기독교(신·구교 포함)도 여러 요인들이 절묘하게 어우러져 탄생하게 된 것입니다. 기독교 신앙의 근거를 이루고 있는 핵심 또한 기독교의 전유물이 아닙니다.

조심스럽지만 불교의 교설 역시 힌두사상에서 완전히 독립된 것이라는 확신을 과연 힌두교 쪽에서도 인정해 줄지 염려스럽습니다. 누가 봐도 명확한 기독교가 빌려다 쓴 내용들을 살펴보겠습니다.

성서에 노아가 방주를 만들게 한 대홍수에 관한 이야기는 고대 문명의 발상지 중 한 곳인 메소포타미아의 바빌로니아Babylonia에서 전해지는 '길가메시 서사시(Gilgamesh Epoth)'의 내용과 일치합니다. 다만 영웅 길가메시의 이야기는 무려 기원전 2,000년경의 것이라는 점이 다를 뿐입니다.

성모 마리아의 처녀 잉태로 출생한 예수의 경우도 전례가 있습니다. 여러분들이 가장 찬양하는 신神일지도 모르는 바쿠스Bakchos(다른 이름은 디오니소스Dionysos)는 신 중의 신 제우스의 번갯불을 만지고 죽은 모친의 태내에서 부신父神의 넓적다리로 옮겨져 거기서 탄생하였다고 신화는 말합니다.

가장 극적인 부활 역시 기독교가 큰 소리 칠 입장이 못 됩니다. 고대 이집트의 신인 오리시스Osiris는 토막살해를 당한 후 미라로 부활해 영생을 얻습니다. 역시 무려 기원전 2,400년에 이미 완성된 신화입니다. 아시다시피 미라는 부활과 영생을 믿기에 성행한 장례법입니다. 당연히 사후의 세계에 대한 문서가 있을 듯한데, 그 텍스트가 이집트 『사자의 서(Book of the Dead)』입니다.

신흥 종교라기보다는 시험적인 최신 종교라고 부르는 것이 더 적절할지 모르는 사이언톨로지Scientology와 라엘리안 무브먼트Raelian Movement를 소개하려다 보니 사설이 길어지긴 했습니다만, 실은 나름대로 의도가 있긴 합니다.

대단히 민감하고 심각한 수준의 논의가 필요한 사안이긴 하지만, 불교와 기독교를 포함한 모든 종교 단위의 탄생과 소멸을 연기緣起의 부분으로 이해하려는 저의 관점을 노출하고 싶어서 실증적인 거론을 했던 것입니다.

사이언톨로지의 홈 페이지를 살펴보니 과학과 영혼을 접합시킨 것이 교리의 핵심으로 보입니다. 이들의 주장에 따르면, 인간이 과학심령학적 과정을 거치면(이게 가능한 지는 정말 의심스럽습니다) 우주의 궁극적 영혼인 테탄Thetan에 이르게 되고 불멸을 얻는다고 합니다. 지금의 우주는 메스트Mest로부터 생성되었고 물질, 에너지, 공간 그리고 시간으로 구성되어 있으며 테탄이 바로 이 우주의 생명력의 원천이라고 합니다. 테탄을 마치 인간의 수호신같이 여기는 느낌이 강합니다.

언어적으로는 무슨 SF 소설을 대하는 것 같습니다만, 영화 '미션 임파서블' 시리즈의 톰 크루즈 '토요일 밤의 열기'로 유명한 존 트라볼타가 신도로 알려져 있더군요.

6.25 전쟁이 끝난 1954년에 L. 론 허버드Ron Hubbard(1911~1986)라는 '작자'가 창시했다고 하는데, 이 미국인 작자의 주장에 따르면 "육체가 죽음을 피하려면 자신이 개발한 특별한 기계를 이용해 정신분석을 하고 이를 통해 변화를 이루어야 한다"고 합니다.

이 대목에 이르면 역시 '냄새'가 좀 나는 것 같습니다. 그래도 세계적으로 800만 명이 빠져 있다 하니 신기할 따름입니다.

여기에 비해 라엘리안 무브먼트는 교리가 매우 간명한 편입니다. 한마디로 UFO와 외계인을 믿자는 것입니다. 그리고 인류의 탄생부터 현대에도 풀지 못하는 난제들을 '한 논리'로 해결하면 된다는 것입니다.

그들은 인류가 2만 5,000년 전에 외계로부터 온 과학자가 유전자 조작을 통해 탄생되었다고 주장합니다. 이 이론의 연장선에서 '인간 복제를 통한 영생'을 실행하기 위해 1997년 '클로네이드

Clonaid사'를 설립했습니다. 이 단체는 프랑스인인 클로드 보리롱 라엘Claude Vorilhon Rael이 1973년 외계인을 만났다고 주장하며 시작된 종교단체인데, 제가 하는 법회에 오시는 분들 중에서도 몇 명이 참석했던 것으로 보아 한국에도 신자가 있음은 확실합니다.

이쯤에서 토로하건데 저도 이 미친 듯한 '가설'에 대해 심취했던 적이 있습니다. 실은 이들의 주장이 새삼스러운 것은 아니고, 상당히 오래 전부터 꾸준히 제기되었던 것입니다. 가장 알려진 사람으로 '신의 지문' 시리즈를 낸 그레이엄 핸콕이 대표적입니다.

이들 주장의 특징은 고대 문명의 사례 등을 믿거나 말거나 하긴 하지만, 당당한 증거와 논리로 나름대로는 잘 무장했다는 것입니다. 과학적 논리로만 따진다면 제 개인 생각으로는 기독교의 기적보다는 설득력이 있어 보인다는 느낌을 받는 부분도 있습니다.

그래서 라엘리안 무브먼트 홈 페이지의 주장을 그대로 소개해 보겠습니다.

우주인을 만나는 동안, 라엘은 인간 삶의 모든 면을 다루는 메시지를 받았습니다.
여러분의 관심사가 고대 역사, 현대 과학, UFO, 종교 문헌이나 공상과학 그 어느 것이든, 이 메시지를 보며 새로운 시각을 갖게 될 것입니다.
수세기 동안 학자들은 생명의 기원과 의미에 대한 두 가지 가능성을 토론해 왔습니다.

사람들이 전능한 신을 들어 그 어떤 언급도 비이성적으로 묵살하는 동안, 일부는 진화론에서 찾을 수 없는 높은 철학적 관점을 원했습니다. 하지만 이성적이며 철학적 깊이가 있는 또 다른 이론이 가능했을까요?

바로 이것을 '메시지'가 제안합니다.

수천 년 전 다른 행성에서 지구에 온 과학자들이 자신들의 모습을 본뜬 인간을 포함한 모든 종의 생명체를 창조했습니다. 이 과학자들과 그 작업에 대한 자료들은 많은 문화의 고대 문헌들에서 찾을 수 있습니다. 고도의 과학기술로 인해, 과학자들은 지구의 고대인들에 의해 신으로 간주되었고, 흔히 고대 히브리어로 '하늘에서 온 사람들'을 의미하는 '엘로힘'으로 불렸습니다.

엘로힘은 복수형임에도 현대 성서들에서 보이는 단수형의 '신'으로 오랫동안 오역되었습니다. 그럼에도 이 하늘에서 온 사람들(엘로힘)은 그들이 접촉한 각 시대별 여러 메신저들(예언자들로 불림)을 통해 인류를 가르쳤습니다. 각 메신저는 비폭력과 존중이라는 기본 원칙을 주된 가르침으로 하는 그 시대 사람들의 이해 수준에 적합한 메시지를 전달받았습니다. 이제 인류가 충분한 과학적 이해 수준에 이르렀기에, 엘로힘은 마지막 메시지를 전하기 위해, 잦은 UFO 출현으로 자신들을 더 드러내기로 결정했습니다. 라엘은 지구상에 마지막 메시지를 전하는 것과 우리의 창조자들을 맞이할 대사관을 준비하는 두 가지 사명을 부여 받았습니다.

무신론적 '지적설계론'은 유신론자들과 진화론자들 사이의 해묵은 논쟁에 합리적인 해법을 제시합니다. 오늘날의 과학적 발견들뿐 아니라 모든 고대문화들의 역사적 배경과도 일치합니다. 그러나 맹목적으로 달려들진 마세요. 지적설계−설계자들로부터의 메시지를 읽고 스스로 알아보도록 하는 게 중요합니다.

확실히 다른 눈으로 세상을 보게 될 것입니다!

재미있게도 이들 종교들은 "나 잘 되게 해 달라"는 기복이나, 돈으로 영혼을 정화할 수 있다는 그런 종교적 장사에는 아직 익숙하지 않은 것 같습니다.

동서양을 넘나든 종교적·문화적 아이콘

만卍자, 나치 문양, 십자가 문양

만卍자, 나치 문양, 십자가 문양 이 세 가지가 주는 느낌이 너무나 달라 공통분모를 얻기가 불가능해 보입니다. 불자라면 당연히 卍자에 편안함을 느낄 것입니다. 그러나, 이 셋의 원류는 같습니다. 다행히 그 중 卍자의 역사가 가장 오랜 것 같습니다. 기독교에서는 십자가가 더 오래된 문양이라고 주장할지도 모르지만 말입니다.

卍자는 고대인도, 페르시아, 그리스 등에서 태양이나 신령스런 빛을 상징하는 종교적·문화적 아이콘으로 사용된 것으로 보입니다. 실제로 힌두교와 자이나교에서도 卍자를 진리의 상징으로 사용했습니다.

卍자는 범어로 스바스티카svastika이며, 영어로는 스와스티카 swastika라고 합니다. 이 무늬 본래의 모습은 오른쪽으로 돌아가는 만자 무늬가 정형이었다고 합니다. 이 卍자 무늬가 중국에 전해져 당나라 때 卍(만)자라는 한자어가 만들어진 것입니다. 이렇게 중국과 우리나라에 전해진 卍자는 불교에서 적극적으로 사용하게 됩니다.

불교에서는 붓다께서 갖추신 성덕聖德과 길상吉祥, 그리고 행복의 상징으로 또 붓다께서 수행시 깔고 앉으신 길상초를 상징한다는 의미로 쓰이고 있습니다. 경전에서는 "부처의 가슴에는 훌륭한 분의 특징인 卍자 모양이 있다"는 구절이 있습니다. 실제로 고려불화나 불상을 보면 가슴에 卍자(때론 반대로 돌아가는 卍자)가 있는 경우가 많습니다.

이 卍자가 오른쪽으로 도는 모양이며 각도가 45도 기울어지면 바로 나치의 문양이 됩니다. 나치를 탄생시킨 히틀러는 자신들이 우생학적 아리안족의 적자라고 자부해 왔는데, 이 민족의 원류는 인도 북부를 침공해 베다시대를 지배한 아리안족입니다. 그렇기에 히틀러로서는 卍자 문양에 꽤 매력을 느꼈을 것이 분명합니다.

유럽에서는 히틀러의 나치에 의한 유대인 대학살에 대한 감정이 아직도 생생해, 卍자를 대하는 선입관이 우리와는 전혀 다릅니다. 행여 유럽을 여행할 때 한국의 불자들이 卍자 반지나 목걸이를 하고 다니면 나치주의자로 오인 받아 큰 낭패를 당합니다.

기독교의 십자가는 아주 많은 모양의 변형들이 현재에도 사용되고 있습니다. 그 중 가로 세로 비율이 같은 십자가(적십자, 녹십자같이)에 날개가 붙은 卍자형 십자가를 크룩스 감마타crux gammata라고 부릅니다.

실은 불교를 대표하는 문양으로 팔정도를 형상화한 법륜法輪 (dhamma-cakka) 문양이 더 적합하다고 여겨집니다. 간다라에서 시작된 불상 조성 이전의 유적에서는 붓다를 상징하는 대표적 문양으로 법륜 문양을 사용했기 때문입니다.

힌두이즘의 쓰나미가 덮치다
인도에서 불교의 멸망

인도에서 불교가 멸망해 가는 과정을 분석해 보겠습니다.

기원전 5~6세기에는 불교와 자이나교 등 위대한 성자인 신흥 사문들이 정통 힌두이즘과 바라문을 비판하고 견제하며, 조직화된 교단 형성에도 성공하고 적어도 수백 년간은 힌두교와의 대립에서 전혀 밀리지 않았습니다.

붓다 입멸 후 아함경 등 초기경전을 세밀히 살펴보면, 『숫타니파타』 이후의 경전에서는 이미 힌두사상에 물이 든 불법을 적지 않게 확인할 수 있습니다.

저는 시대적으로 붓다 입멸 후에서 최초의 경집인 『숫타니파타』가 정립이 된 후, 다시 부파불교까지 인도에서 붓다의 제자들이, 연기와 공이라는 붓다의 가르침을 얼마나 깊이 이해할 수 있었을까를 규명하는 연구가 깊이 있게 이루어져야 한다고 생각합니다.

간략히 이것에 대해 제가 추적해서 얻은 요점만 말씀드리겠습니다.

붓다께서 깨달으신 연기는 불교만의 것이기에 지금도 붓다의 진의에서 벗어나지 않았습니다. 그러나 윤회와 업에 대한 관념들은 붓다의 재세在世 시부터 『숫타니파타』가 결집되어 유통되는 시기까지만 불교 고유의 사상으로 해석되었지(불멸 후 약 300~400년 후까지), 그 이후로는 붓다의 제자라 해도 거대한 힌두이즘의 사상적 '쓰나미'에서 결코 벗어날 수 없었다고 60% 정도는 확신합니다.

붓다시대 이후 길게 잡아도 300~400년 정도만, 인도에서 붓다의 불교가 연기, 윤회, 업의 개념에서 힌두이즘은 물론 인도에서 발생한 모든 종교 사상에서 탈출하여 업과 윤회에서 독자적인 '자기 논리'를 지킬 수 있었다는 강한 심증이 듭니다.

말하자면 인도대륙에서 불교는 그 몇 백 년 동안만 '독립을 이룩한 사상적 섬'이라는 결론을 내리고 싶습니다. 『아함경』도 힌두의 쓰나미가 시작될 때 편찬된 부분이 있고, 『밀린다왕문경』 같은 경우는 그리스의 메난드로스Menandros 왕과 인도 고승 나가세나Nagasena,의 실제 있었던 세기적 대화를 기록한 것이지만, 나가세나 비구의 불법에 대한 소견은 부파불교의 교리에 충실한 것으로, 대승불교의 사상으로 재분석하면 아쉬운 내용들이 많습니다.

불교의 힌두화가 인도에서 불교 멸망의 가장 큰 인因이라는 사실에 동조하는 학자들이 많습니다. 그렇다 해도 한 종교의 몰락을 한두 가지로 꼽는다는 발상도 위험한 단정입니다. 학자들의 대체적인 지적들 중 가능성이 높은 원인이 또 있습니다.

인도에서 대승불교의 말기에 일어난 밀교密教(금강승불교로 칭하는 이도 있습니다) 가운데 좌도 밀교의 탄트라tantra를 지목하는데, 실은 탄트라는 힌두교나 자이나교의 비의적秘儀的 교의敎義까지도 탄트라로 부릅니다.

좌도 밀교는 주술呪術에 의지하고, 성력性力(sakti)을 숭배하는 불교로 정통 밀교와는 구별을 해야 하지만, 실제로는 좌도 밀교의 성행으로 교단의 도덕적 해이가 심각했다고 합니다. 오죽하면 7세기에 현장 스님이 인도의 곳곳을 탐방하며 기록한 내용 중에, "신드Sindh 지역의 수행승이 처자식과 함께 살면서 가축도 기르고 살생을 일삼는다"는 대목이 있겠습니까? 이렇게 출가자들의 타락과 부패, 교단의 무능함, 신도 양성의 부재인 상황에서 이슬람의 침공이 결정적으로 불교를 멸망시킨 것입니다. 그러고 보니 한국도 불교가 멸망할 수 있는 '여건'이 하나씩 성숙돼 가고 있는 것으로 보입니다.

아주 다행히도 이즈음 몇 년 사이에 팔리어 원전을 직역한 경전들이 출간돼, 초기불교에 쉽게 접근할 수 있는 여건이 잘 갖추어져 가고 있습니다. 또, 근본불교를 전공하는 스님들도 많아졌습니다. 그런데 문제는 범어 원전이 제작된 시기는 대개 대승불교 사상이 흥기하기 전의 것들이 대부분이고, 대승불교 사상 이후의 팔리어 대승불교 경전 등은 그리 많지는 않을 것입니다. 그러니, 쉽게 말해 『숫타니파타』나 『법구경』을 설명할 때, 아직 개념 형성이 안 된 대승불교의 공空을 내세워 이해에 도움을 얻으려는 방식은 매우 잘못된 접근법인 것입니다. 경전이 성립된 그때까지 생성된 개념으로 원문 초기 경전을 읽어야만, 제대로 그 경의 용어들을 풀고 이해할 수 있다는 것은 문헌학을 들먹이지 않아도 상식에 속합니다. 뜬금없는 얘기를 왜 또 하느냐고 하시겠지만, 평생을 팔리어 원전을 우리말로 직역하는 큰일을 하는 학자와 몇 차례 의견을 나눈 적이 있습니다. 이름을 대면 경전에 관심 있는 불자는 다 아는 분입니다.

그런데, 이분의 주장은 6가지 윤회의 세계도 붓다께서 명확하게 실제 어디엔가 존재한다고 하셨고, 지옥·극락·정토 등도 우주 어디엔가 분명히 실제로 존재한다고 붓다께서 확실하게 말씀을 하셨다고 합니다. 경전 속에 다 밝혀져 있는 내용이라고 정색을 하며 말을 하더군요. 몇 번의 확인 작업에도 끝까지 같은 주장을 고수하더군요. 이 일이 있고 난 후 저는 범어 원전의 뜻을 새기지 못한다는 범맹梵盲 콤플렉스에서 완전히 벗어났습니다.

지금 붓다께서 계신다면

아래 글들은 한국불교의 총체적 문제들을 하나씩 지적한 내용으로, 2012년 불교신문에 광고 형식으로 연재해서 실었던 글입니다. 광고는 세존 아카데미 재가불자 학인들의 보시로 이루어졌습니다.

1. 지금 붓다께서 계신다면 그토록 비난하셨던 바라문교보다 한국불교를 더 질책하실 것입니다. 한국불교는 업과 윤회의 해석에서 자이나교와의 차이점을 붓다게 분명히 해명해야 할 것입니다.

2. 지금 붓다께서 계신다면 자신이 신격화된 것에 놀라실 것입니다. 그리고 우리에게 마지막 당부를 재차 확인시켜 주실 것입니다. "나는 너희에게 신神이 아니라, 바른 법과 자신에게 의지하라고 말했다."

3. 지금 붓다께서 계신다면 자신의 몇 대 제자라 자칭하는 이들에게 물어보실 것입니다. "내 제자라면 내 가르침을 우선해야 하거늘 어찌하여 조사(祖師)나 선사(禪師)의 말을 의지하고 있는가?"라고 말입니다.

4. 지금 붓다께서 계신다면 주지 자리가 말썽인 본사나 큰 절에 거처를 마련하실 수 없을 것입니다. 왜냐하면 붓다께서는 문중도 없고, 계파에 속하지도 않았고, 절에 연고조차 없기 때문입니다.

5. 지금 붓다께서 계신다면 신도에게 보시를 강요하는 출가자에게 이렇게 일갈하실 것입니다. "내가 머물던 기수급고독원은 이름 그대로 가난한 이들에게 보시를 베풀던 곳이니라"라고 말입니다.

6. 지금 붓다께서 계신다면 신도보다 호의호식하는 출가자에게 이렇게 일갈하실 것입니다. "재가자가 너를 공경하는 것에 오만하지 말라. 너는 나에 대한 공경을 대신 받고 있는 것뿐이니라"라고 말입니다.

7. 지금 붓다께서 계신다면 천도재와 영구위패로 신도들을 현혹하는 출가자들에게 물으실 것입니다. "나는 사후의 세계에 대해 침묵했거늘 너희는 어찌 영혼 구제까지 확언하느냐?"라고 말입니다.

8. 지금 붓다께서 계신다면 재가 신도 위에 군림하는 출가자들에게 호통을 치실 것입니다. "나는 천 년 동안 이어온 계급제도를 철폐했거늘 너희는 어찌 바라문처럼 행동하느냐?"라고 말입니다.

9. 지금 붓다께서 계신다면 자신이 붓다에 버금가는 깨달음을 성취한 듯 말하고 행동하는 출가자들에게 말씀하실 것입니다. "너희는 이미 깨달은 사문이 아니라 깨달음을 향해 가는 사문일 뿐이다"라고 말입니다.

10. 지금 붓다께서 계신다면 자신들의 이익을 우선해 전법하는 한국의 승가에 호통을 치실 것입니다. "나는 너희 자신이 아니라 중생의 이익과 안락을 위해 바른 법을 전하라고 했다"라고 말입니다.

11. 지금 붓다께서 계신다면 승단과 절의 부富에 대한 집착에 한숨을 쉬실 것입니다. 그리고 "너희가 반역자로 단정하는 데바닷다는 사원에서 음식물을 저장하는 일조차 사치라고 여겼다"라고 호통치실 것입니다.

12. 지금 붓다께서 계신다면 절의 경제적 해결이 우선한다며 신도를 기만하는 출가자에게 이렇게 말씀하실 것입니다. "너희들의 행위가 방편으로 용납된다면, 재가자가 가족을 지키기 위해서 한 비도덕적 행위도 비난할 수 없느니라."

13. 지금 붓다께서 계신다면 방편이란 명목으로 미신을 조장하고 중생을 불안하게 하는 출가자에게 일갈하실 것입니다. "그 방편이라는 것이 실제로 중생을 안심시키느냐? 아니면 너희들에게 이익만 생기느냐?"라고 말입니다.

14. 지금 붓다께서 계신다면 "전생의 업이 현세의 나를 있게 한 것이다"라고 믿는 이들에게 말씀하실 것입니다. "나는 바라문들에 의해 사성제 계급제도에 악용되는 전생의 업을 오히려 부정하였다"라고 말입니다.

15. 지금 붓다께서 계신다면 "기도는 모든 것을 이루어 준다"라고 말하는 이들에게 말씀하실 것입니다. "기도는 소원을 이뤄 주는 것이 아니라, 바른 소원인가를 확인하게 해 주고, 결과에 집착하지 않게 하는 것이다"라고 말입니다.

16. 지금 붓다께서 계신다면 "12연기는 붓다께서 설하신 것이다"라고 말하는 이들에게 말씀하실 것입니다. "나는 단지 연기의 관계성을 말했을 뿐이지, 연기를 12단계로 나누어 설명하지 않았다"라고 말입니다.

17. 지금 붓다께서 계신다면 영험설화나 신비주의를 말하는 이들에게 "그렇다면 내가 깨달음을 성취한 일도 영험하고 신비스러운

일이냐? 내가 세상에 출현해 고행 끝에 깨닫고, 중생을 교화한 일은 엄연한 사실이니라"라고 말씀하실 것입니다.

19. 지금 붓다께서 계신다면 한국불교의 선禪·교敎의 차별에 대해 이렇게 의문을 제기하실 것입니다. "출가자로 같은 무소유자임에도 선을 하면 절에서 돈을 주고, 교학을 공부하면 수업료를 내야 하는 차별의 이유가 도대체 무엇이냐"라고 말입니다.

20. 지금 붓다께서 계신다면 한국의 출가자의 수준에 대해 이렇게 개탄하실 것입니다. "나와 나의 제자들은 당대 최고의 지성인으로 존경을 받았다. 그런데 너희는 존경은커녕 세상에 걱정을 끼치고 있지 않느냐"라고 말입니다.

21. 지금 붓다께서 계신다면 한국불교의 추태에 대해 이렇게 엄한 질책을 하실 것입니다. "수행자는 인천人天의 스승이 되어야 하거늘, 하물며 범인에도 못 미치는 속물俗物의 본성을 드러내느냐"라고 말입니다.

22. 지금 붓다께서 계신다면 이런 질책을 하실 것입니다. "내가 입멸한 후 최초의 승단의 분열은 사문의 소금 소지 등 10가지 계율 (十事)에 대한 이견 때문이었다. 그러나 지금의 너희는 재물이 넘쳐 사문의 위의威儀조차 갖추지 못하는구나"라고 말입니다.

23. 지금 붓다께서 계신다면 이런 질책을 하실 것입니다. "승단에서조차 인과응보를 실현하지 못하면서 너희는 어찌 재가자에게 선인선과·악인악과를 강조하며 보시를 유도하고 인과법을 설하느냐"라고 말입니다.

24. 지금 붓다께서 계신다면 승가의 작태에 이런 한탄을 하실 것입니다. "선禪수행을 종지로 한다며 내 가르침인 교설敎說을 홀대하고, 계를 범하는 짓을 무애라 포장하며, 지혜 없는 정定만을 추구하는 병통病痛에 걸렸다"라고 말입니다.

25. 지금 붓다께서 계신다면 바른 수행 풍토조차 세우지 못하고, '현실적 운운' 하는 핑계를 대는 출가자에게 이렇게 말씀하실 것입니다. "현실의 이익을 떠난 마음이 출가일진대, 어찌 너는 현실적이라는 말을 그리 쉽게 하는가"라고 말입니다.

26. 지금 붓다께서 계신다면 승가의 자정 능력에 이렇게 일갈하실 것입니다. "세속의 불법不法은 세속법으로 다스리고, 승가의 불법不法은 여법如法하게 다스려야 하거늘, 너희에게 여법如法은 찾을 수가 없구나"라고 말입니다.

27. 지금 붓다께서 계신다면 한국불교에 이렇게 질책하실 것입니다. "내가 중생을 위해 근기에 맞추어 가르침을 설한 것을 최고의 방

편이라 말하면서, 어찌 너희들은 내 가르침을 상대의 수준에 맞추지 않느냐"라고 말입니다.

28. 지금 붓다께서 계신다면 승단의 행정에 대해 이렇게 개탄하실 것입니다. "승단은 어떤 경우에도 수행자를 최우선으로 해야 하거늘, 어찌 너희들은 수행자를 통제하거나 수행자 위에 군림하려 하느냐"라고 말입니다.

29. 지금 붓다께서 계신다면 절에서 부자 신도와 가난한 신도에게 다른 대접을 하는 것을 이렇게 개탄하실 것입니다. "말로는 물질주의를 개탄하는 출가자가 어찌 신도의 경제적 어려움에 마음의 상처까지 더해 주고 있느냐"라고 말입니다.

30. 지금 붓다께서 계신다면 한국 승가에 이런 질책을 하실 것입니다. "너희는 내 모양을 천 개 만 개 조성해 복 지으라며 팔고, 사법邪法을 내 말이라고 중생들을 현혹하면서, 정작 내 가르침의 진위眞僞에는 관심조차 없구나"라고 말입니다.

31. 지금 붓다께서 계신다면 승단의 조직에 이런 질책을 하실 것입니다. "너희 구성원은 4부대중이 아닌 4계급제로구나. 총무원 직책과 본사 주지는 바라문, 말사 주지는 왕족, 일반 출가자는 평민, 재가신도는 천민 아니냐"라고 말입니다.

32. 지금 붓다께서 계신다면 한국불교의 출가 정신에 개탄하실 것입니다. "출가는 일체의 세간의 가치를 버리는 것이다. 그런데 너희는 출가하면 중생계에서 벗어나고, 더욱 중생 위에 군림하는 지위를 얻는다고 착각을 하는구나"라고 말입니다.

33. 지금 붓다께서 계신다면 한국의 출가자의 오만을 질책하실 것입니다. "세상의 현명하고 지혜로운 이는 '나는 이것밖에 모릅니다'라고 말하지만, 정작 세상의 학문을 모르는 너희는 '내 말은 세상의 이치에 틀림이 없다'라고 확언을 하는구나"라고 말입니다.

34. 지금 붓다께서 계신다면 선가의 불립문자에 대해 이렇게 언급하실 것입니다. "나는 내가 증득한 연기緣起에 대해 가능한 모든 언설로 가르침을 펼쳤고, 나의 제자들도 그렇게 하라고 하였다. 그러나 너희는 언어를 떠남이 깨달음인 양 착각에 빠졌구나"라고 말입니다.

35. 지금 붓다께서 계신다면 도박하고, 술집 드나들고, 더욱 폭력이 난무하는 한국 승가에 이렇게 개탄을 하실 것입니다. "데바닷다가 교단을 혼란케 하고, 야사로 인해 교단이 분열되었지만 지금의 너희들은 나보다 그들을 스승으로 삼는 것이 나을 것 같다"라고 말입니다.

성법
스님의
까칠한
불교
이야기

생각의　끝에도
　　　　머물지
　　　　말라

초판 1쇄 인쇄	2013년 12월 24일
초판 1쇄 발행	2013년 12월 27일
지은이	성법 스님
펴낸이	윤재승
주간	사기순
기획편집	사기순, 김언한
영업관리	이승순, 공진희
펴낸곳	민족사
출판등록	1980년 5월 9일 제1-149호
주소	서울 종로구 수송동 58번지 두산위브파빌리온 1131호
전화	02-732-2403, 2404
팩스	02-739-7565
홈페이지	www.minjoksa.org
페이스북	www.facebook.com/minjoksa
이메일	minjoksabook@naver.com

ⓒ 성법, 2013. Printed in Seoul, Korea

ISBN　978-89-98742-12-6　03220